U0144023

任性出版

經典童話竟是警告大人的

小美人魚、小紅帽、寶蓮燈、白蛇傳……
本是寫給小孩看的故事，
大人為何更該讀？

深耕心理學13年的專業心理服務平臺
壹心理・專業心理諮商師團隊◎編著

目錄

推薦序一

重讀童話，再次認識自己

作家、丹鳳高中圖書館主任／宋怡慧

ＡＩ時代來臨、事物充滿挑戰與變化，你是否曾在現實的洪流中迷失自我？你是否希冀洞悉人性，卻不知從何下手？在現實與理想的夾縫中掙扎，是否令你感覺疲累？想要適應殘酷的現實，卻擔心失去純真？如果你和我一樣，對人生有相似的困惑，本書將是你探索自我的最佳解方。

回顧童年陪伴我們成長的十三個東、西方經典童話，它們不僅是床邊故事，更是我們想像世界的窗口。經過壹心理．專業心理諮商師團隊巧妙的詮釋，全書內容淺顯易懂，也化身為開啟自我探索之門的神奇鑰匙，引導我們重整紛亂的思緒、理解人我複雜的情感，從而認識並接納真實的自己。正如書中所言：「重讀童話，就能重新認識自己。」

這本書深入剖析經典童話的角色，從心理學全新解讀童話，深入探討行為冰山底下的心理，全書筆調生動流暢、舉隅兼具理論和深度，讓讀者在知識與趣味間取得絕妙的平衡。

書中的議題包羅萬象，涵蓋人性、成長、自我認同、愛情、親子關係等，給予讀者自我認知的新思路。同時，作者群以淵博的學識和敏銳的洞察力，引領讀者重新思考，揭開童話背後的心靈密碼。無論是正在尋找自我定位的青少年，還是渴望自我突破的成年人，都能在這本書中找到共鳴。跟隨作者們的敘寫，彷彿走進潛意識的長廊，破除完美主義帶來的成長困境，與內在自我對話。

從小美人魚、睡美人、愛麗絲到小王子，這些耳熟能詳的角色，各自代表不同年齡階段會面臨的人性真相，讀完本書之後，也能獲得智慧上的成長。例如，《小美人魚》不只是一部童話，而是自我認同的內在之旅，從「我是誰」到「我要成為誰」的探尋歷程；〈睡美人〉超越詛咒和救贖的表象，象徵被父母過度保護的孩子將面臨的成長困境。

有時候，人生中問題的答案不在遠方，而在我們最熟悉的故事中。〈小紅帽〉揭示了大人用恐嚇取代善意溝通的教養困境；哪吒的故事讓我們理解，青少年的叛逆是確認自我的必經之路。

從依戀理論到人格類型、從個體化過程到親子關係，每個章節都像是一堂又一堂生動活潑的童話課。就像《白蛇傳》巧妙的融入性別議題：性的原罪，讓男人與女人對立。它提醒我們，和諧、平等、尊重與同理，才是兩性相處的平衡之道。

這本書宛如一面照見自我成長的明鏡，不只解密人性，也讓我們傾聽內心真實的聲音，重塑自我人生價值。原來，在成長的過程中，每個人都會歷經迷霧般的茫然，從發現自己到覺察自我，不斷經歷出走與回歸，才能完整體會人生的意義，進而把挫折當作圓滿生活的一部分。

閱讀的過程是一趟自我療癒的心靈之旅。不只能重拾童年的美好回憶，更能發掘成長的智慧、理解生活的真諦，從而成為更好的自己。

漫步在熟悉的童話長廊裡，我看見曾經熟悉卻走遠的身影，和醍醐灌頂後的自己重新相見。此刻，就如《小王子》所言：「**最重要的東西都是肉眼看不見的，唯有用心才能洞察。**」這或許就是這本書給予我們的人生奧義！

推薦序二

童話，不再只是童話

王意中心理治療所所長、臨床心理師／王意中

童話，看似淺顯易懂；童話，讓人感覺親近；童話，容易使人相信。我們很容易沉浸、陶醉、躲藏在童話故事中，或試圖從童話裡的角色拼拼湊湊，尋找自己的身影、找出彼此的關係與連結，卻總是茫然。

人們時而嚮往童話裡的主角，從中尋找內心渴望、卻無法擁有的一切——外貌、自信、財富、權勢、能力、關係或愛情；時而將故事橋段，作為生命的借鏡、警惕，不讓自己重蹈主角的覆轍。

在這座宛如迷宮的人生城堡裡，我們茫然、不知所措。「我是誰？」、「人生的意義是什麼？」在這個世界上，我們不斷尋找自己的定位、渴求與他人建立親密關

係，卻也害怕在一段關係中被情緒勒索和脅迫。

在閱讀童話時，我們容易停留在故事表面，誤以為童話是為兒童和青少年打造，與成年人毫無關聯。

其實，童話非常適合解讀人性，特別是流傳許久的故事，橫跨數個世代，蘊藏人性的寶藏，等待我們的挖掘，並與讀者的經驗、想法、觀點和感受，激盪出火花。

童話，不再只是童話。

本書藉由耳熟能詳的童話故事和心理學家作者群的解析，讓我們久違的試探內心那熟悉卻又陌生的自己。

這些經典將豐富、複雜且多元的人性，完整且周延的呈現在眼前，等待我們覺察、洞悉和參透，尋找並建立連結。

每一部經典童話就像一個萬花筒，也像一齣戲，展演複雜的人性百態。

童話無法給你人生的標準答案，作者群卻提供我們更彈性、深入和立體的思考方式，檢視自己的存在意義。

本書讓我們有機會理解童話裡的人性，面對生命中遭遇的各種困頓、醜陋與苦難的同時，也能感受到驚喜、精彩和美好。

這些經典童話宛如生命的範本，透過本書精闢的剖析，讓我們能重新思索人生、編寫內心嚮往的劇本，並且好好享受生活。

第一章

人生從來沒有完美結局

1

付出卻期待回報，多半沒有好結果

——《小美人魚》

在海的深處，有一個人魚王國。國王有六個女兒，他已經單身很多年，由老母親替他管理家務。她非常愛她的孫女們，孫女們也最喜歡聽奶奶講故事，尤其是關於人類的故事。她告訴人魚公主們，人類是擁有不滅靈魂的生物。她們就這樣快樂的生活在海底。

六位人魚公主中，最年幼的公主是最美麗的，聲音也非常動聽。她們居住的海底有很多珍奇異草，六位人魚公主每個人都有一個屬於自己的小花園，她們把花園打理成各自喜歡的樣子。小美人魚將自己的花園布置成圓形，裡面種著紅色的花朵，看上去就像一輪太陽。花園裡面還有一個白色的美男子大理石雕像，那是姊妹們從海底撿來的寶貝。

人魚公主們都很嚮往大海之外的世界，但是她們必須年滿十五歲才可以出去。小美人魚的姊姊們年滿十五歲時，都陸續出去見了外面世界的山川、森林、農莊、夕陽等。

終於，到了小美人魚十五歲的這一天，奶奶把她打扮得漂漂亮亮。小美人魚游出了海底，把頭伸出海面，看著這個她從未見過的人類世界。她看見一位俊美的王子正在一艘大船上舉辦生日宴會，就在這時，突然一陣滔天巨浪將大船掀翻，王子也落入水中，小美人魚奮不顧身的試圖營救王子。王子雙眼緊閉，小美人魚看著他，忍不住輕吻王子，然後將他放在岸邊。過了一段時間，一位漂亮的人類公主看見王子，連忙叫人將王子救走。

小美人魚悲傷的回到海底，她愛上了王子，希望和人類一樣也擁有不滅的靈魂。她心想：只要能變成人，哪怕少活三百年也值得。

她忘不掉王子，於是，她拜訪海裡的巫婆，求她實現自己想要變成人類的願望。巫婆為她配製了一種藥，告訴她在黎明前喝下，魚尾就可以變成人類的腿。但是，唯有王子愛上她並娶她為妻，她才能得到不滅的靈魂；若王子與其他女人結婚，她將變成泡沫。

小美人魚聽了之後臉色蒼白，但她依然毫不畏懼的向巫婆討了藥水。作為交換，巫婆割去她的舌頭，拿走了她動聽的聲音。

第二天，當太陽照耀海面的時候，小美人魚喝下巫婆的藥水。她得到了人類的雙腿，同時，她也變成了啞巴，她每走一步都像踩在刀刃上，疼痛難忍。可是，她的舞姿依然優美，王子很喜歡她。但是王子要娶的人不是小美人魚，而是那位在岸邊救起他的人類公主，因為王子並不知道那天拯救他的，其實是小美人魚。

小美人魚知道後很悲痛，因為他們舉辦婚禮的那天，就是她消失不見的日子。姊姊們為了救她，用她們的長髮從巫婆那裡換來了一把尖刀。只要將尖刀插在王子的心上，將鮮血滴在小美人魚的雙腿，她就能重新擁有尾巴，並回到大海中。

看著熟睡的王子，小美人魚實在不忍心。於是她將尖刀扔進海裡，自己也投入海中。最終，她的身體化為泡沫，與大海融為一體。

《小美人魚》（*Den lille havfrue*）是安徒生（Hans Christian Andersen）創作的童話，也叫《人魚公主》，首次出版於一八三七年。這部作品廣為流傳，從丹麥首都哥本哈根（København）入海口礁石上的美人魚銅像可見一斑。

安徒生是丹麥人，他出身貧苦，父親是鞋匠、母親是傭人。在他十一歲時，父親病逝、母親改嫁。他從小喜歡文學，一生寫了許多家喻戶曉的童話故事，卻從未娶妻。安徒生的個性自卑，覺得自己又醜又窮，於是將畢生精力都投入到童話創作中。

儘管他一生未娶，在《小美人魚》這部童話作品中，他將自己心中理想女性的想像投射在小美人魚公主身上，她美麗、善良、勇敢的特質打動了許多人。

所有的心理問題都是關係出問題

人之所以稱為人，有別於其他動物，正是因為人類有意識。《小美人魚》故事的核心，就是小美人魚有了變成人類的願望，而這個願望就是作為人類特有的自覺意識。接著，她走上了一條條歷經分離、痛苦和衝突的成長之旅。

在神話故事中，專門講述人類和世界萬物的起源故事，稱為創世神話。創世之前，世界是無聲和沉寂的。同樣，創世神話也表述了意識的起源，意識在創世之前處於未分化、根植於潛意識的混沌狀態。

創世神話也代表創世神的存在，如東方的創世神話《盤古開天》，講述遙遠的過去，宇宙還是一片混沌之時。沉睡了一萬八千年的盤古醒來後，發現周圍一片漆黑，於是拿起斧頭將天地劈開，陽清變為天，陰濁則變為地。

在紐西蘭的創世神話中，同樣描述了世界曾是一片漆黑，萬物的源頭為蘭奇（Rangi）和芭芭（Papa），祂們不願意分開，生養的孩子也不知道光明和黑暗的區別。有一天，孩子們厭倦了黑暗的沉悶，於是祂們的兒子塔尼（Tāne Mahuta，森林之神）將頭埋進母親芭芭（大地）的懷裡，用雙腳蹬開父親蘭奇（天空），無視父母的哭喊和呻吟，撕裂了天地。

從以上創世神話中可以看出，天地來源於衝突、分離和抗爭。在心理分析中，我們會認為意識為火、為陽；潛意識為水、為陰。創世神話中能夠看出人類心理發展的過程，很明顯，意識誕生的過程是艱辛的。

由此可以聯想到臨床心理諮商中，無論是哪個學派的諮商師，他們工作的最終目的，都是引導個案將「潛意識」的部分「意識化」，以主導自己的生活，而不會被潛意識挾持。

小美人魚想變成人類，擁有不滅靈魂的願望如此強烈，願意承受尾巴被劈開、變成雙腿的痛苦，可見自覺意識的誕生是如此痛苦，甚至是殺戮。

在心理諮商中，對夢的分析可以從兩個方面著手：主觀方法與客觀方法。簡單來說，主觀方法就是將夢中的人物、場景、劇情等，看作是我們內心世界的表達；客觀方法則是將夢中發生的一切和現實生活相聯繫。當然，諮商師在對個案的夢進行分析時，是將這兩者綜合考量的。如果我們能將童話故事放在主觀方法上解讀，那麼**童話故事就是我們的內心戲，故事中的人物、情景、內容都代表我們內心的某種屬性**。

在《小美人魚》中，故事一開始說：在海的深處有一個人魚王國，那裡有六位人魚公主，人魚公主們和爸爸、奶奶一起生活。她們對海以外的世界感到嚮往，但是奶奶告訴她們，必須年滿十五歲才能游出海面。

在這裡，大海象徵著潛意識，而海外世界象徵意識。如果將小美人魚的故事改為第一人稱，從小美人魚的視角看，故事中的人物和場景代表的都是小美人魚心中，不同人格和心理階段。生活在大海中代表她此刻的心理正處於潛意識階段，半人的身形則象徵她踏入人類的意識世界。大海像是大地母親的子宮，這一黑暗幽深的環境養育我們，也是我們成人後要脫離的狀態，它可以是一個安全的地方，同時也可以是埋葬我們的地方。

所以，小美人魚在大海裡誕生、離開大海，最終幻化成泡沫回歸大海。混沌之初彷彿母親的子宮，我們在享受安全的同時，也擔心被子宮吞噬、失去自我。因此，小小的自我最終決定衝破潛意識，掙脫子宮的束縛，尋求自我的定義。

無論身處多麼艱難的環境，絕大部分人都有想要成為自己的渴望。我們從下述的沙遊治療（編按：在心理治療、諮商和治療教育中實現非語言治療的方法，以榮格分析心理學，分析參與者以沙建構出的圖像，擴展對於該療法療效的解讀）案例可以驗證此觀點。

在一次沙遊治療中，一位患有智能障礙和學習障礙的七歲男孩來到了沙遊室，他的初始沙盤是這樣的：

他在靠近自己、中心朝下的位置堆了一個大土堆，土堆上面擺了一朵小花，他說媽媽喜歡花。然後他在這個土堆的左上方又堆了一個小土堆，在底下埋了一些水果，上面插了一面小旗。

初始沙盤的意義在於，我們可以透過它洞察個體面臨的問題和挑戰，同時它也會呈現解決問題的機會和線索。這個男孩面臨艱難的情況：母親嚴苛、父親缺席，經常被霸凌。在這個情況下，他的初始沙盤呈現出弱小自我想要重新出生的渴望。

大土堆象徵現實中男孩對母親的依賴，與從母親身上感受到的壓抑。土堆的形狀既像乳房，也像代表死亡的墳墓。旁邊的小土堆代表的是他自己，底下埋藏的水果則象徵男孩對於母愛的渴望和自身潛在的力量。沙盤左邊一般是潛意識所處的位置（編按：人類的右腦支配著左側身體，右腦所管轄的範圍是非語言的、直覺的、情感的、想像的內容，所以沙盤的左半部分通常指潛意識的內容），所以這個孩子的痛苦和潛在力量都還處於潛意識當中，等待發掘和探索。旗幟象徵領域和邊界，在這裡，代表著孩子對自我身分的渴望和肯定。

十五歲正好是脫離童年期，開始進入青少年期的年齡，是對剛萌發的意識產生認同的時候，**面臨的問題是「我是誰」**，這也是為什麼人魚公主們要等到十五歲才可以游出海面。

人不是生活在真空中，而是透過互動和建立關係來確認和認識「我是誰」，這種關係可以在內心的幻想中建立，也可以透過外部客觀的現實建立。所有的心理問題都是關係出問題，這樣說不誇張，因為我們內在的不完整會導致外在關係的斷裂。

其他人魚公主們在十五歲時看見了外面的世界，但是她們覺得還是住在海裡比較好，唯獨最小的人魚公主遇見了人類，並深深愛上了王子。比起小美人魚，姊姊們似乎更願意待在家裡，或是母親的子宮裡，並不想擁有獨立的個人意識。

而小美人魚從小就嚮往著人類世界，嚮往和王子相遇。於是她擁有了可以獨立行走的雙腿，千里之行始於足下，小美人魚踏上了英雄般的旅程。

我想成為的人，和大家希望我成為的人

大部分童話故事都有一個特定的主線，那就是在男女主角原本平靜的日子裡，災難突然降臨，然後踏上斬妖除魔的艱苦冒險。在此經歷中，會出現幫助他們的小動物、智者或是仙女，而故事的結局大多是公主和王子從此過著幸福快樂的生活。

故事中斬妖除魔的主角就是英雄，這段苦難其實就是放大我們內心的成長儀式。這種受難是個體成年的考驗，經過這樣的歷練，個體就完成了從嬰兒到童年，再到青少年和成年的轉變。

《榮格心理學辭典》（*A Critical Dictionary of Jungian Analysis*）一書中對英雄的解釋是：「一個準人類的存在，象徵塑造或掌握靈魂的觀念形式以及力量，體現人類最強大的意志，並揭示實現志向的理想方式。」可見成為英雄是不容易的，英雄所要經歷的過程，往往可以被概括為以下五個階段：

1. 被召喚：故事中的小美人魚急切的想變成有意識的人類，這是潛意識對她的召喚。個案決定透過心理諮商療癒自己，也是潛意識對靈魂的一種召喚。

2. 啟程：指決定是否踏入一個陌生的領域。小美人魚為了見到心愛的王子，即使付出所有也在所不惜。她找到巫婆，用自己美妙的聲音換來雙腿，可見她是下定決心要踏上英雄之旅。對個案而言，心理諮商中到了這一步，有的個案可能會猶豫，甚至出現抵抗，這也是心理諮商介於中斷和繼續的過渡期。

3. 探索幻境：這個階段是痛苦的，小美人魚千辛萬苦來到地面，一切都與她想像的不同，她經得住考驗嗎？心理諮商在這一階段，諮商師和個案都要經歷移情和反移情的考驗，個案的人格面具會一點一點被揭開，心理陰影和情結會不斷湧現，這是「天亮」之前最難熬的時期。

4. 恩賜：邂逅自我意識，和真實的自己重新連結。小美人魚毅然決然的一跳，衝破世俗的枷鎖，得到自由。而個案在這個階段會和外面的環境和解、和自己和解，他們的身心會得到相應的自由，會因為意識的擴展，而體驗到生命的神聖感和敬畏感。

5. 回歸：**小美人魚融入生育她的大海，這是她的另一種重生**。從另一個層面看，這種英雄行為的最終受益者是他人而不是自己，這個故事之所以流傳，正是因為它讓我們重新思考人生。個案在這個階段的回歸，一方面指的是將目光和心思聚集到自己身上，另一方面指的是他們可以回歸到社會中，適應正常的生活。

小美人魚並沒有和王子幸福生活在一起，而是變成泡沫回歸大海，看似是場悲劇。但是，這個悲劇的故事也代表了一種徹底的循環，即從母親的子宮中誕生，最後又回歸子宮。在現實生活中，面對困境，我們不是壓抑自己，便是昇華困境的意義。小美人魚在跳向大海的那一瞬間，她不感到沮喪或悲傷，這是一種純粹的回歸。

這種悲劇，大概是所有人生體驗中最激烈、也最包容的。

表面上的個體死亡，從深度心理學看，或許是個體在代替群體受難。從心理機制來看，這些人被稱為「代罪羔羊」，他們的存在是為了釋放和消除群體的恐懼、內疚和一些消極情緒。當然，這一切都發生在潛意識中。被當作「代罪羔羊」的人有三種：第一種是有缺陷的人，他們可能是罪犯或身體有缺陷的人；第二種是失敗的人，比如戰俘；第三種則是優秀的人。

小美人魚就屬於第三種。她有著最好看的魚尾和動聽的歌喉，可是她甘願為愛情受苦，將自己漂亮的尾巴變成人類的雙腿，她為了成全王子的幸福犧牲自己，是群體對女性期望的模範。

人面臨最大的衝突，就是「我想成為的人」和「大家希望我成為的人」之間產生的不平衡。但是我們骨子裡早有一種機制，那就是個體化原理（編按：指個體是由意志「客體化」出來的現象）。這個機制會促使我們抓住一切機會，成為那個獨特而真實的自己，成為一個具有自主性的自我。

小美人魚縱身一躍，從個體層面上看，她撇開了世俗對她的要求和成見，終於成為自己。而從群體層面上來看，她的死是因為優秀，這讓她足以被當作祭品奉獻給神明，替群體贖罪。

低劣的人承載的是群體投射出與社會價值觀相反的部分，比如失敗和軟弱；傑出的人物依舊承載群體投射出去的消極情緒，這是因為傑出人物對群體提出的苛刻要求，激怒了群體的嫉妒心和報復行為，所以他們得為群體受難。

歷史中一些優秀的人物，如伽利略（Galileo Galilei）、哥白尼（Nicolaus Copernicus），在當時皆受到了群體的迫害。好比一間公司中，較優秀的人可能會遭到其他人孤立。

無論如何，代罪羔羊們都承受了大眾對他們投射的負面情緒，而群體卻藉由這個機制，釋放潛意識中的消極情緒。

所以，小美人魚不僅是她自己的英雄，也是群體的英雄。群體的發展是由傑出的個體所帶動，因此優秀的個體（英雄）不僅肩負著責任、使命，還擔負著犧牲。

只要願意，我們就是自己的英雄

梵文中曼陀羅（mandala），意為「中圍」，是宇宙的象徵，指一切圓滿和完整的聚攏之處。

《小美人魚》一開始便提到，六位人魚公主每個人都有一個屬於自己的小花園，可以隨意布置。小美人魚將自己的花園打造成圓形，像一輪太陽，並種植像太陽般鮮紅的花朵。在這裡，花園可以象徵每個人的心靈深處，花園的布置就是我們內在心靈的投射，小美人魚的花園就是一個典型的曼陀羅形狀。

那麼，作者在描述小美人魚的花園時，知道什麼是曼陀羅嗎？他知道曼陀羅的深層意義嗎？我想他不知道，但這並不重要，重要的是我們的心靈和靈魂知道。

讓我們來看看曼陀羅在心理學中的含意：我們的心靈本就完整一體，像一個大圓。**「完美」的意象一直存在於我們的潛意識，默默的引領著我們的人格發展**，趨於完整。

意識的誕生，讓我們在擁有自主權的同時，也帶來了選擇上的困難。於是，衝突和分裂出現了。潛意識會對意識的行為做出補償，補償會以症狀或夢中的意象來提醒我們：心靈需要整合，意識要去面對並整合潛意識。

我們所接觸的神話和童話，同樣也是集體潛意識留給意識最好的補償素材。

這個過程其實就是內在如曼陀羅般的大圓在發揮作用，榮格（Carl Gustav Jung）學派稱之為「個體化」（individuation）。它代表個體在旅程中，逐漸成為獨特而完整自己的英雄之旅。

這樣的過程會出現在我們成長的各個年齡段，小美人魚是在十五歲時，從兒童到青少年時期，展現了這個過程，並且呈現出內心曼陀羅式的意象。這個曼陀羅式的花園會提供小美人魚來自潛意識的補償，作為心靈穩定和聚攏的核心力量。

在整個故事中，小美人魚並沒有遇見其他童話中，會給予英雄幫助的動物或長者，這些積極、正向的元素其實早已作為原型，存在於我們自己的心中。在心理諮商中，個案最後能被治癒，其實是依靠內在的治癒原型。

在沙遊中，我們經常會看到呈現曼陀羅意象的沙畫，這些象徵自性的曼陀羅，恰恰是在補償個案內心不平衡帶來的恐懼和分裂。個案的沙畫和小美人魚花園都是來自潛意識的投射，潛意識在透過曼陀羅提供我們整合心靈的力量。

在另一個版本的故事中，小美人魚的花園中還擺放著王子的雕像。貫穿故事的始終是小美人魚和王子的愛情故事，而作為人，最難的就是男女間的情感。從青少年到中年，甚至包括老年人在內，臨床諮商中有一大部分人都是因為戀愛和婚姻問題，而走進了諮商室。

我們每個人最初是陰陽同體的，一個是外在社會倫理需要我們展現的生理性別，另一個是潛伏在我們潛意識中，與之相反的。在心理學中，女人心中的男性意象叫阿尼姆斯（animus，女人心靈中的男性化成分。阿尼姆斯身上有女性認為男性應具備的形象，每個女人的阿尼姆斯都不盡相同），男人心中的女性意象叫阿尼瑪（anima，男人心靈中女性化的一面，每個人天生的情感和心態總是兼有兩性特徵）。

從心理層面來看，我們需要整合這對性別所代表的陰性和陽性力量，以完整我們的人格。如此，**現實中的男女結合和婚姻，便是人類的內在試圖建立陰陽和諧的統一人格**。

童話故事的結尾一般都是公主和王子幸福的生活在一起，《小美人魚》的結局卻是王子和別人結婚了，小美人魚獨自跳入大海變成泡沫。這又該怎麼解釋呢？

小美人魚犧牲了自己的尾巴和聲音，尾巴象徵在海中的行動力；聲音象徵小美人魚的話語權。為了博取人類和王子的喜歡，喪失行動力和話語權。最後，姊姊們將刀子交給小美人魚的行為，代表內在陰影的力量拉扯，試圖退回到潛意識中。

心理上的退行（編按：個體遇到挫折或應激時，心理活動退回較早年齡階段的現象）如果發生在諮商室，那是個案對諮商師體現信任的一種方式；如果發生在危急時刻，則是一種防禦和退化。

小美人魚抵抗住誘惑，所以她最後的死亡既非自殺、不是無奈之舉也不是退卻，而是選擇。這恰好說明自我意識和阿尼姆斯發揮作用，潛意識之間有了象徵性的連結，死亡是內在象徵著精神深度和理性的陽性力量阿尼姆斯做出的決定。那一刻，她成為她自己，擁有了她所嚮往的不滅靈魂。

這一點在童話的結尾處有著精彩的描述：「然後，她跳入了大海。她感覺她的身軀在融化，變為泡沫。這時，太陽從海面升起，陽光柔和、溫暖的照在冰冷的泡沫上。小美人魚並沒有感覺到死亡，因為她看見了光明的太陽……。」

小美人魚的故事結束了，它似乎是個悲劇。從心理學的角度看，這個悲劇有什麼深刻的意涵呢？我們可以從以下三個方面解讀：

小美人魚為了追求愛情，付出了很大的代價，最終為此而死亡。其中一定有作者安徒生本人對愛情和女性的投射。他出身貧寒，一生未娶。他在人世間感受到的艱辛，不亞於小美人魚行走在刀尖上的痛苦。

我們的集體潛意識投射到小美人魚身上，她身上那些善良和堅韌的美好特質，是人類所嚮往的。同時，小美人魚的犧牲和奉獻，也代表了群體對女性的苛求。

在個體層面，只要我們願意，我們身上的神性就會幫助我們，成為自己的英雄，或是群體的英雄。

2

你也是生恐孩子長大的大人嗎？

——〈睡美人〉

很久很久以前，有一對國王和王后，婚後一直沒有孩子。他們每天向上天祈禱，渴望擁有自己的孩子。有一天，王后正在洗澡時，一隻青蛙突然出現，牠對王后說，她很快就會有一個女兒。不久之後，王后生下一個漂亮的女孩。國王高興極了，決定舉行一場盛大的宴會，慶祝公主出生。

國王邀請眾多嘉賓，其中包括十二位女預言家。事實上，國內一共有十三位女預言家，但是，國王的金盤子只有十二個，所以只邀請了其中十二位。

宴會熱鬧非凡，大家都為小公主的出生感到喜悅。女預言家們一一為小公主送上祝福，祝福她將來擁有道德、美麗、財富等。當第十一位女預言家對小公主說完祝詞後，沒有被邀請的第十三位女預言家闖進宴會，她因自己沒被邀請而感到憤怒，便狠狠詛咒公主：「公主在十五歲時，會被紡錘所傷，最後死去！」

聽到這個可怕的詛咒，大家都嚇壞了，特別是國王和王后，他們傷心不已，害怕失去自己的寶貝女兒。不過，還有一位預言家沒有送出自己的祝詞，這讓國王和王后還抱有一線希望。第十二位預言家走上前向公主說：「這個凶險的詛咒會應驗，但公主能夠化險為夷。她不會死去，而是昏睡過去，並沉睡一百年。」

宴會結束後，為了保護女兒，國王下令將全國上下的紡錘全部燒掉。美麗善良的公主一天天長大，直到十五歲，她都沒見過紡錘。然而，在她十五歲生日這天，國王和王后恰巧外出，將公主獨自留在宮殿。公主在宮殿裡四處閒晃，不知不覺來到一座古老的鐘樓前。

充滿好奇心的公主走上鐘樓，推開鏽跡斑斑的小門，門後一位老婆婆正在紡織。第一次看到紡錘的公主詢問老婆婆在做什麼。老婆婆回答她是在紡織，止不住好奇心的公主伸手去摸紡錘，結果，她的手一碰到紡錘就被戳傷。剎那間，咒語應驗，公主倒下、沉沉的睡著了。

公主入睡後，漸漸的整個王宮也睡著了，所有的人、動物，甚至爐火都陷入沉睡。回到宮殿的國王和王后也進入睡眠。

就這樣，年復一年，王宮周圍長滿玫瑰，將整個王宮包裹起來。於是，這個國度開始流傳一個關於沉睡玫瑰公主的傳說。不少王子都曾嘗試穿越玫瑰叢進入王宮，想看看這位美麗公主的真面目，但他們都被帶刺的玫瑰擋住了去路，甚至被緊緊纏住、無法脫身，最後只能可憐的死去。

一百年過去，又有一位王子來到這裡。他聽說了玫瑰公主的故事，打算進去看看。儘管過去已經有許多王子遇險，附近的老人也勸他不要嘗試，但這位王子還是義無反顧的前往。結果，王子一走近玫瑰叢，花叢就自動為王子打開一條路。

進入王宮後，果然一切都在沉睡之中。他走到公主面前，被公主的美麗深深吸引，情不自禁的低下頭吻她。這時，公主睜開眼睛，醒來的瞬間她看見英俊的王子，公主的眼神變得異常溫柔。最後，一切恢復了往日的模樣，王子和公主舉行了婚禮，幸福的生活在一起。

這是《格林童話》（*Grimms Märchen*）中的〈玫瑰公主〉（*Dornröschen*），不過大家可能更熟悉它的另一個名字——〈睡美人〉。其實，除了〈玫瑰公主〉，還有很多不同版本的〈睡美人〉，而且這個故事至今還在繼續演變。

最初，〈睡美人〉的故事源自十三世紀前後北歐神話故事《沃爾松格傳》（*Völsunga saga*）中的情節，聰慧美麗的公主布倫希爾德（Brynhild）由於得罪了主神奧丁（Odin），被毒針刺中而陷入沉睡，直到沃爾松格國王的後代齊格魯德（Sigurd）屠殺惡龍，將她喚醒。

齊格魯德英雄救美，但布倫希爾德不僅是美人，還是一位身穿盔甲的英雄。即使她被主神奧丁詛咒「再也不會贏得更多勝利，只能等著出嫁」，她也沒有將自己放在被動的處境，而是「發誓絕不和膽小怕死的人結婚」。

同樣是睡美人，布倫希爾德身上有著更強烈的生命力。她敢於得罪主神奧丁，遭遇可怕的詛咒也不輕易屈服。而被塑造得天真無邪的玫瑰公主，似乎只能被命運推著走。這也讓我們看到，**從原始社會走向文明社會的進程中，女性的自由意志被壓抑**。但在當代文明到來，針對〈睡美人〉全新的改寫重新解放了女性的自由意志，更深入的走進了豐富飽滿的女性內在世界。

比如在當代英國女作家安潔拉．卡特（Angela Carter）的改編中，女主人公不再是昏睡的少女，而是日出而息、日落而起的吸血鬼。這彰顯了女性因長期被壓抑而爆發的怨恨，以及體內湧動足以將男人吞噬的欲望。

再比如，改編電影《黑魔女：沉睡魔咒》（*Maleficent*）將長期被批判的女巫設定為女主角，這才讓我們了解，原來邪惡的女巫曾經是一位美麗純潔的仙子，她也需要被理解。

比起將美好與邪惡放在二元對立的位置，當代的〈睡美人〉故事讓我們看到亦正亦邪、複雜多面的人性。所以，比起非正即邪，真實更是可貴。當然，〈睡美人〉作為童話故事，在很大程度上是寫給兒童的，所以，相對於彰顯人性之複雜，更多時候它給人的感覺是簡單而美好的。

故事中除了第十三位女預言家，其他人都是善良、友愛的，正義最終會戰勝邪惡，不出意外的美好結局。這看起來是一個簡單的故事，但真的這麼簡單嗎？

其實，童話的魅力就在於，簡單的故事下暗藏錯綜複雜的深意，吸引後人如尋寶般不斷挖掘，打開一個又一個的祕密寶盒。

睡美人是其中最缺乏自由意志的人

當寓意是多子多福的青蛙出現在王后面前，宣告她將擁有一個女兒時，這猶如神諭般的預言，似乎暗示這個即將到來的孩子將與眾不同。

其實，對父母來說，自己的孩子自然是與眾不同的，何況還是姍姍來遲的第一個孩子，所以，我們可以體會，公主對於國王和王后來說是多麼重要。如此寶貝的女兒，國王和王后自然想給她更多的保護和祝福。然而，也因為她太重要，有可能會給國王和王后帶來多種複雜的感受。

複雜的感受有好有壞，在童話故事中，直接表露父母的負面情緒並不是件好事。這時，或許可以**創造其他角色，替國王和王后做「壞人」**。

在養育孩子方面，父親作為父權文化下的一家之長，更像是幕後的精神領袖，他對家人的影響潛移默化，甚至控制家人。特別是如果父親擁有如國王般至高的權力，當他不想做「壞人」時，任何人都可以被他操控，替他扮演「壞人」，包括他的妻子；而妻子作為孩子的母親，養育孩子時親力親為者，與孩子有更多的親密接觸，也更容易在孩子面前表現出不同情緒狀態和性格特質，這些可以稱為母親不同的自我。

心理學家朱建軍說：「我們每個人心中都存在著許多個不同的自我，這些不同的自我可以被稱為『子人格』。」那麼，童話世界中如何呈現母親的子人格呢？看到這裡，我們或許就不難理解，為什麼**十三位預言家和紡織的老婆婆都被設定為女性。她們的出場或許就象徵著母親的子人格，有的人格為孩子帶來祝福，有的則會給孩子帶來傷害**。

正如十二位女預言家給予了小公主祝福，多數情況下，母親會希望自己的孩子獲得幸福。但當母親自身的狀態很糟糕時，她們可能就無法顧及孩子，甚至可能將孩子當作出氣筒。第十三位女預言家象徵著被丈夫忽視、遺忘的母親，因此失控，將對丈夫的怒氣發洩到女兒身上、對女兒施加了可怕的詛咒。

老婆婆則象徵孤獨衰老的母親，面對少女初長成的美麗女兒，母親在喜悅的同時也可能伴隨著失落，甚至是嫉妒。長大意味著分離，也意味著自己將被拋棄。女兒的青春就像一面鏡子，映照自己的衰老。老婆婆也曾是青春少女、美麗的妻子。而女兒出生後，她面對的是無休止的紡車，即沒完沒了的家務。

在這樣枯燥的循環中，自己一天天被忽視，直到被遺忘在古老的鐘樓裡，女兒卻獲得所有人的關注。丈夫不惜一切代價保護女兒，更是讓她的內心五味雜陳。

面對女兒，母親的內心可能是衝突的，甚至是分裂的。儘管她極力要求自己成為一個完美媽媽，掩飾內心的失落，卻無法控制內在的情緒張力。

這時，我們可能會發現，雖然是憤怒的「母親」詛咒了女兒，但父親的忽視在一開始就為此埋下種子。面對只有十二個金盤子的窘境，作為一國之君，應當以更好的方式解決，但他選擇簡單粗暴的忽視，導致厄運降臨在女兒身上。當丈夫嚴重忽視妻子時，孩子往往成為受害者，這種現象至今仍然非常普遍。

母親因為懼怕被拋棄而對女兒產生占有欲，但父親對女兒的占有欲不僅源於懼怕被拋棄，也源於本能。儘管人類已經步入文明，但我們的身體裡仍然存在原始基因的記憶，擁有動物般的欲望和衝動。

所幸這個潛意識的衝動並不會發生在現實中，多數情況下，我們能夠控制原始基因的本能。

當我們明白國王與王后的心靈陰影後，就不難理解這對一向小心保護女兒的父母，為何會在女兒十五歲生日這麼關鍵的日子外出，將她獨自留在宮殿，讓意外輕易發生了。

作為象徵被丈夫忽視的妻子的第十三位預言家，即使已經難以控制自己的情緒，還是選擇在第十二位預言家祝福前詛咒公主，就像是故意給了第十二位預言家一個機會，將可怕的死亡詛咒解除。我們可以體會，即使母親常常將怒氣發洩到孩子身上，但在情緒之後，仍然會保護孩子。

我們一直在談國王、王后以及王后的子人格，忽視了作為孩子的睡美人。但這種忽視也在所難免，因為**睡美人看似是故事的核心角色，卻是其中最容易被漠視，也最缺乏自由意志的人**。這也是很多孩子的現狀。當父母對孩子有著過強的占有欲和控制欲時，孩子除了配合父母，透過沉睡延緩成長外，似乎什麼也做不了。

過度保護，不想讓小孩太快長大

〈睡美人〉最經典的情節就在於「沉睡」，其中有諸多意義。讓人陷入沉睡的紡錘，可以聯想到家庭婦女的勞動，預示女兒即將結束天真無邪的少女時光，成為一位勞碌的婦人。這對父母來說是難以面對的，過去依賴自己的女兒將不復存在，這樣的失去是令人難過的；另外，紡錘尖尖的樣子也像男性生殖器。

在榮格心理學的象徵理論體系下，紡錘的確有男性生殖器的隱喻，手指被紡錘戳破，便象徵著少女失去貞操。這對少女來說是一種傷痛：如何不讓父母抗拒？特別是在過去的文化中，性意味著羞恥和罪惡。作為父母，自然不希望女兒在婚前對性有任何接觸，甚至不希望女兒對性抱有任何幻想。性的意識一旦覺醒，就意味著女兒長大，將嫁為人婦、離開父母。

所以，第十三位女預言家詛咒公主會在十五歲時因紡錘而死，彷彿是母親在帶著怨恨的情緒對女兒說：「當妳失去貞操時，我單純的女兒也死了！當妳嫁為人婦時，我將被妳拋棄！」母親的告誡其實是在表達：「**我真希望妳永遠不要長大，永遠是我的小女孩。**」也像是在表達：「媽媽曾經也是一位天真無邪的少女，自從嫁為人婦、失去貞操，我身上的少女生命彷彿死掉了，所以媽媽希望妳不要重蹈覆轍。」

就像前文所說，父親雖然看似毫無作為，但毫無作為的他才是播下詛咒種子的「策劃人」。面對父母親拒絕自己長大的情緒，被過度保護的女兒除了睡覺，什麼也做不了。所以，當紡錘刺破女兒手指的一瞬間，只能沉睡。奇妙的是，除了女兒之外，整個王宮也一起陷入沉睡之中，時間宛若停止。

但時間怎麼會為了一個家庭停止？外面的世界還在運轉，只不過圍繞著睡美人整個家庭的心理狀態，都以睡覺的方式停滯不前。

現實生活中，家庭中的所有成員以「裝睡」的方式，迴避女兒長大成人的現象，是非常普遍的，特別是獨生女家庭。因為**潛意識裡恐懼孩子走向獨立，一些父母會過度保護孩子，以延長孩子依賴父母的時間。**

我發現，有些早已成年的女孩無法結束學生生涯，她們讀完大學後接著讀碩士，然後是博士，甚至博士後。即使她們早已從校園畢業，也無法真正進入社會，而是會一直保持在學習的狀態，比如：有些人會用好幾年的時間反覆考取公務員，有的人會不停的在培訓班學習某種技能，以延緩經濟獨立。

還有，正如睡美人一百年後才遇見白馬王子，一些女孩在父母的控制下，永遠無法進入親密關係，因為這樣她們才能永遠待在原生家庭；有些女孩甚至在結婚生子後很快就離婚了，她們在離婚後會爭取孩子的撫養權，然後抱著孩子回歸原生家庭。我的其中一位個案就做了這樣的事，在接受了一年多的心理諮商後，才終於理解了自己的行為。

有一天她說：「我爸媽從未接受過我的前夫，對他很挑剔，其實他們心裡有點怪這個女婿把他們的寶貝女兒搶走。我爸媽太需要我，他們不僅需要我，還需要我為家族抱回一個孩子，我如何能不滿足父母的心願呢？」說著，她的眼淚就流了下來。

是啊，當父母拒絕自己長大時，孩子又能做些什麼呢？孩子往往會想滿足父母、想要忠於父母。所以，當國王和王后無法接受睡美人將和王子共度餘生時，只好交給時間消化。在一家人「裝睡」一百年後，國王和王后才解除詛咒，轉為祝福，這時，女兒才敢走向自己的幸福。

童話的美好在於，即使「裝睡」一百年，公主青春依舊，王宮裡所有人都還像一百年前一樣，現實卻殘酷得多。現實中，我們都會衰老，面對衰老，**父母終將會意識到自己將無力繼續保護孩子，孩子需要獨自面對這個殘酷的世界。但這時才讓孩子獨立，現實往往會因為時間的錯位而顯得更加殘酷。**

我有一位同學從小就被父母保護得非常好，她什麼都不需要操心。跟我一樣，她也步入了三十多歲的年紀，但始終保持單身。雖然她的父母表面上會催促她快點結婚，卻沒有真的給她壓力，一家人似乎都很享受這種不變的家庭狀態。直到有一天，她的母親被診斷為癌症晚期，不久後便離開人世。對這位從小就什麼都不用操心的同學來說，整個世界突然崩塌，一直被過度保護的她根本不知道該如何面對這個世界。

而她的母親在離世前也非常懊惱，她以為只要女兒和家裡的關係不變，這個家的狀態就永遠不會變。少女般的女兒也常常讓她以為自己還是年輕的母親，沒有意識到自己已經老了，更沒想到意外會來得這麼突然。

對的人，對的時間，來到對的地方

公主被一個吻喚醒，意即她是被愛情喚醒的。面對國王和王后的過度保護，恐怕也只有愛情能讓公主脫離依賴、與父母分離。當父母親終於在時間中釋懷、公主也在睡眠中獲得療癒和成長後，她是怎樣走向愛情的呢？

愛情往往充滿浪漫與神祕的色彩，美麗卻帶刺的玫瑰叢將許多王子阻擋在外，卻為一位特定的王子主動開啟一條路。只因為先前的王子們都是在錯誤的時間出現，最後一位王子則在對的時間出現。對的人，在對的時間，來到對的地方，這樣的巧合我們無法解釋，只能感慨這或許就是愛情的宿命。

在緣分面前，**與其說是王子喚醒了公主，不如說是公主自己願意醒來**，正如將宮殿包圍百年之久的玫瑰叢，主動為王子打開一條路。玫瑰叢象徵公主潛意識的心靈。

當被紡錘刺傷後，公主的心靈因為傷痛而產生恐懼，將自己帶上刺、緊緊包裹起來。前面那些想靠近她、進入她心靈的王子們不幸的被她的保護層刺傷，甚至因為愛上她而被玫瑰叢纏住，體驗到劇烈的疼痛。

相對於先前的王子們，百年之後到來的王子是幸運的，因為他是在公主願意放下過去的時候出現，不早也不晚。

王子將公主喚醒，看似英雄救美，實則不然，這絕不是一個人能完成的事，而是兩情相悅的結果。

許多女孩子的心路歷程就和睡美人一樣。我的一位好友過去談過幾段戀愛，但直到第四任男友時，她才真正體會愛情的滋味，她興奮的對我說：「他一吻我，我整個人都放鬆了，那一刻，我感覺這就是我在等待的吻。我這才意識到，我和前面三任男友接吻時居然什麼感覺也沒有。我以前糊里糊塗的，不懂什麼是愛，真正體會到時才明白，當心被蒙蔽時，身體最誠實。」

正如睡美人曾被紡錘刺傷，我這位好友在國中時曾被一位中年男性騷擾過，那時她還太小，完全被嚇呆。這件事被當作一個羞恥的祕密隱藏起來，同時，她也封閉自己，這就是為什麼她無法坦然面對前面三位男友的原因之一。

後來，她接受心理諮商，在諮商師面前，她才將多年累積的恐懼表達出來。這時，她正好遇見她第四任男友，雖然相遇有些晚，但他們很快就修成正果。

她後來說：「如果我們很早就相遇，恐怕我也會錯過他。以前我根本不敢讓男人靠近我，我的身體是封閉的。」

一個女孩從出生、長大，到心智成熟與父母分離、走向愛情、嫁為人妻，再到成為母親，這一歷程真的很不容易。睡美人歷經了漫長的睡眠，最終從沉睡中醒來，走向幸福。這要感謝時間和愛情，在擁有足夠的緩衝期，國王和王后總算能夠欣然接受女兒離開自己的事實時，愛情也給睡美人勇氣，敢於走向自己的人生。

寫到最後，難免還是有些遺憾和難過，因為比起童話世界的美好結局，現實世界中更多的是不確定性和悲傷。

現實中，時間不會為任何人停留，圓滿的愛情也不一定會出現。對於那些被父母拒絕長大，又想走向獨立的女孩來說，面臨的挑戰更加艱鉅。

幸運的是，如今的心理治療受到更廣泛的關注，越來越多女孩走向探索自我心靈的道路，她們因此得以療癒內在、喚醒勇氣，最終以自己的力量走向自己的人生。

3

試過所有方法都無效，先去睡覺吧

——《愛麗絲夢遊仙境》

這天的天氣很熱。愛麗絲和姊姊坐在岸邊，姊姊在看書，愛麗絲卻沒事可做，變得有些睏。突然，她看到一隻會說話、隨身帶著懷錶的白兔從身邊跳過，她好奇的追上兔子。只見兔子跳進樹下的一個大洞，愛麗絲也跟著跳了進去，來到了一個奇妙的世界。

跟丟了兔子的愛麗絲，來到一個長方形的大廳。在這裡，她發現一個小門，門外是一座美麗的花園。愛麗絲想到這個花園裡去，但是門太小了。於是，她開始尋找讓自己穿過小門的方法。

在這個世界裡，飲料和食物都很奇怪。她喝了某個瓶子裡的液體，身體就變小了；吃了一小塊點心，身體又變得十分巨大。變得巨大的身體更不可能進到小花園裡，於是愛麗絲哭了起來，大把眼淚將大廳變成了池塘。

一段時間過去，她又看見剛才的白兔，白兔被嚇得丟下手中的白手套和大扇子。愛麗絲撿起了扇子和白手套，由於屋裡太熱，她不自覺扇起扇子。突然，她發現自己又變小了。她趕緊丟開扇子，準備進入花園，卻滑倒在自己的眼淚池塘裡。

愛麗絲游著游著，遇見了一隻老鼠，他們一起游到岸上，後面還跟著一群誤入池塘的鳥兒們：渡渡鳥（Dodo）、鸚鵡、小鷹等。

他們上岸後，全身都溼漉漉的，為了把身體弄乾，大家決定賽跑。跑了半小時後，大家身體都乾了，賽跑也隨之結束。在這場賽跑中，愛麗絲將口袋中的糖果作為獎品送給大家，而愛麗絲的獎品則是自己口袋裡的別針。

後來，愛麗絲再次遇到白兔，牠正在尋找剛才丟下的扇子和手套。白兔把愛麗絲當成女僕，使喚愛麗絲跟著牠回家，去拿新的扇子和手套。就這樣，愛麗絲來到白兔的家。

愛麗絲在白兔家裡又喝了不明液體，身體變得巨大，占滿整個屋子。白兔為了把愛麗絲趕出屋裡，試了很多方法。後來，牠從窗外往屋裡扔石頭，這些石頭一落地就變成了小點心，愛麗絲吃了之後，身體終於變小。逃跑時，她受到了小蜥蜴比爾（Bill）和一些小動物的阻撓，但還是順利跑到樹林裡。

在樹林裡，愛麗絲不僅遇到小狗，後來又在藍色智蟲（Caterpillar）的幫助下，得知吃了大蘑菇的其中一邊會長高，另一邊則會變矮。吃下蘑菇後，她的脖子變得很長，像蛇一樣。一隻鴿子飛了過來，以為愛麗絲是偷吃了鴿子蛋的蛇，經過激烈的爭論後，鴿子飛走了。接著，愛麗絲又用蘑菇調整自己的身高，來到一座小房子前。

愛麗絲分別遇見長得像魚和青蛙的僕人，然後她走進廚房，看到公爵夫人正在照料孩子，甚至遇到會露齒笑的柴郡貓（The Cheshire Cat）。後來，公爵夫人把孩子丟給愛麗絲照顧，自己跑去找王后玩了。公爵夫人的孩子突然間變成了一隻豬，於是愛麗絲又想了辦法離開這裡。

接下來，愛麗絲遇到瘋帽客（Mad Hatter）、三月兔（March Hare）和睡鼠（The Dormouse），參加了他們的茶會，卻不歡而散。最後，愛麗絲回到長方形的大廳裡，進入美麗的花園。

在花園裡，她遇到一整副會說話的撲克牌：有脾氣粗暴的紅心王后、老好人紅心國王、紅心武士傑克等。愛麗絲偷偷幫助三個犯錯的園丁躲過王后的追捕，然後在王后的邀請下，玩起了槌球，但王后總是動不動就想砍別人的頭，讓愛麗絲再次想逃離這裡。

這時，愛麗絲看見會笑的柴郡貓，原來柴郡貓也得罪了國王，國王和王后決定砍掉柴郡貓的頭，但柴郡貓突然消失，找不到了。

愛麗絲又遇到公爵夫人，她們愉快的聊起天。但是王后卻把公爵夫人趕走，要愛麗絲回去玩槌球。遊戲過程中，王后總是想要砍下別人的頭。

最後，除了國王、王后和愛麗絲，所有參加遊戲的人都被砍頭或監禁起來，還好國王赦免了他們。王后接著讓獅鷲（Gryphon）帶愛麗絲去看假海龜（Mock Turtle），找到假海龜後，他們談起學校的故事、龍蝦方塊舞（Lobster Quadrille）的遊戲，以及愛麗絲看到白兔後發生的事。

這時，愛麗絲等人聽說法庭開庭了，於是他們出發前往法庭。法官是紅心國王，而開庭的原因，據說是紅心武士偷走了紅心王后做的餡餅。

法庭上，國王一一傳喚證人。看著這場可笑的審判，愛麗絲勇敢的大聲抗議國王和王后誣陷好人，王后對此非常生氣，下令要砍掉愛麗絲的頭……這時，愛麗絲一聲尖叫驚醒，原來只是一場夢。

《愛麗絲夢遊仙境》（*Alice's Adventures in Wonderland*）的作者路易斯．卡羅（Lewis Carroll）是十九世紀的英國作家。除了作家身分，卡羅是一名斜槓青年，他的主業是教會執事和牛津大學基督堂學院（Christ Church）的數學教授。他利用閒暇時間，完成了眾多數學著作和散文作品。其中《愛麗絲夢遊仙境》廣受好評，有些用詞甚至成為英文世界的日常用語。

《愛麗絲夢遊仙境》源於一個舒適、愜意的故事。一八六二年的夏日，作者卡羅和三位聰明伶俐的小女孩來到泰晤士河畔，她們是牛津大學基督堂學院院長的千金。

在河岸邊小憩喝茶時，三位女孩纏著卡羅講故事給她們聽，身為一個擅長說故事的人，他毫不費力的編了一個奇幻故事，而主人公的名字便來自三姊妹中最可愛的愛麗絲。

聽完這個故事，女孩們非常喜歡，特別是愛麗絲，請求他把這個故事記錄下來。卡羅欣然應允，甚至親自製作插圖、完成書稿，沒想到竟成就了一部傳世之作。小說家亨利・金斯利（Henry Kingsley）無意間讀到這份書稿，他慧眼識珠，給予了這部作品極高的評價。在他的鼓勵下，卡羅將故事進一步潤飾，並於一八六五年以《愛麗絲夢遊仙境》為題正式出版。

出版後，不只是孩子，《愛麗絲夢遊仙境》也深受大人喜愛，包括著名作家奧斯卡・王爾德（Oscar Wilde）和當時的英國女王維多利亞（Queen Victoria）（有趣的是，這本書許多內容，其實就是在暗諷維多利亞女王時代的弊病）。

這本書被翻譯成至少一百二十五種語言，到二十世紀中期已經再版三百多次，其流傳之廣，僅次於《聖經》和莎士比亞（William Shakespeare）的作品。「有心栽花花不開，無心插柳柳成蔭」，很多偉大的作品就是在機緣巧合下產生的，數學教授卡羅就這樣成為了世界聞名的童話大師。

優秀的作品都是時代的縮影，這部流傳甚廣的童話故事充滿奇思，作者卡羅在其中有意無意的影射了十九世紀中期英國的現實社會，讀者可以感受到當時英國社會中刻板壓抑的生活氛圍，比如禮儀對女性的束縛——如果不守規矩，就會被紅心王后處罰（砍頭）。

在書中，愛麗絲的所作所為**體現了自我成長的過程中，心中的真理和社會陳規陋習的拉鋸戰**。愛麗絲的故事會在兒童的心中埋下追求自由、堅持真理，以及摒棄社會陋習的種子。

現實中努力改變，夢境也改變了

故事的開頭，愛麗絲進入了沉睡，最後又甦醒過來。在這個過程中，她似乎得到了某些成長，解決了現實生活中的一些問題。

為什麼童話中的主人公會沉睡？本書的愛麗絲和〈睡美人〉都是如此。

睡眠存在著一個生物節律，即睡眠週期，人們大約每九十至一百分鐘會經歷不同階段。世界睡眠醫學學會（World Association of Sleep Medicine，縮寫為WASM）將睡眠分為五個階段：入睡期、淺睡期、熟睡期、深睡期、快速動眼期。

我們在進入睡眠後，有時會夢見自己墜落，比如：從高空墜落、從時光隧道中墜落等，這是由於深睡期肌肉放鬆，血壓、體溫降低，呼吸頻率下降等生理變化引起的。

當進入快速動眼期，我們的四肢有時會經歷猛烈、短促的抽動，也就是肌陣攣。這種現象在現實生活中也時有發生。當我們處於危險的高處，如走在懸崖邊時，就有可能產生這種感覺。

我們的潛意識在不清醒的狀況下，把此身體反應理解成了夢境。這樣的夢境告訴我們，我們在害怕即將要面對或者不得不面對的困境，就像在懸崖邊走路一樣。這是夢境製造焦慮的機制，其本質就是重現現實中的困境。

在童話故事中出現墜落，比如掉進洞裡或井裡，然後進入一個陌生的地方，其實是有現實含意的。平時，我們在夢裡也會出現降落，比如：搭電梯下樓、走樓梯下樓，也有掉入深淵的。

朝下和朝上代表兩種不同的意義：朝上（飛翔）有著突破跟解決的意味，朝下（墜落）則是往地底走去，進入黑暗或潛意識的幽微之境。後者有兩種含意：其一是墮落或生命力減退，這種情況在憂鬱症患者的夢中很常見；其二是一種蟄伏與探索，展現了做夢者想要尋求力量、尋求解決方案，獲得成長。

對愛麗絲來說，她的墜落是後者，而進入地底則是命運翻轉之始。顯然，愛麗絲沉睡並掉進兔子洞的意象，代表她對女性能量的探索。夢境會與心靈一起成長，如果你有這樣的夢境，說明你已經開始面對困境了。

還有一種常見的夢境是被人或動物追趕、追殺。地點可能在叢林，也可能是在城裡、鄉下的小路上，或者童年常常經過的路。在夢中，如果你非常著急，想要擺脫追趕你的人或動物，通常和現實中的壓力有關，而追趕你的人或者動物，都是壓力形象化、人格化的體現。

例如，在諮商初期，一位女士描述過這樣的夢境：她已經二十多歲了，但還是會回到高中考試的場景，看到考卷上的題目，無論如何都想不出答案，她非常著急，卻又無可奈何。看到周圍同學都在認真作答，她感覺自己什麼都不會。

現實生活中，她確實遇到求職和催婚的壓力：周圍的同學已經得到心儀的工作，自己卻沒有找到合適的；有幾位朋友已經開始論及婚嫁，但自己依然單身。

做過幾次諮商、心靈開始成長後，她的處境有所改善。她開始更加積極的求職，以開放的心態結識新朋友。夢中考試的場景也有了改變：考卷上是自己不太熟悉的題目，但可以透過思考或套用公式解答，她的感覺也變得輕鬆起來。

後來的夢境就不再是考試，而是更加輕鬆自然的場景。**夢境的變遷證明了夢會與人的心靈一起成長**。當她試著在現實生活中尋找解決方案時，她的適應力也增強了，不再沉溺於自怨自艾中，能夠應對之前難以面對的困難。

隨著社會發展，女性不再是作為依附或陪襯的角色，逐漸從舊有的文化環境中發展出獨有的活力。她們開始聽從內心的召喚，追求自己嚮往的生活及人格獨立等。

經濟發展、時代變遷像急流一般，迅速波及每個人；文化變遷及觀念改變則像蜜的流動，是個緩慢的過程。這兩種速度的差異會對女性產生深遠的影響。她們要面對家庭、校園、社會，以及內在、外在的各種挑戰，身心都會遭遇衝擊。

在生活的各個層面，女性試著完美的扮演孩子、學生、妻子、母親、員工等角色，可是她們還是無法獲得成就感與滿足感，覺得生活沒有趣味，所以她們會透過旅行、培養愛好等方式尋求新鮮感。但在夜深人靜時，一切都沒有意義的感覺仍會湧上心頭。

其實，這是女性生命力還在「沉睡」，是尋求力量和無法成長的妥協狀態。或許這正是世界各國女性是憂鬱症主要患者的原因之一，因為女性群體的心靈仍未甦醒。無意義感、無趣、憂鬱體驗是心靈發出的求救訊號，我們需要了解、面對和解決它。

夢比現實更能呈現人的精神世界

在現代心理學中，男性的特點被描述為「行動的、思考的、決斷的、理性的、權力的」，而女性則被描述為「接納的、情感的、敏感細膩的」。

女性的意象從潛意識中浮現出來，進入意識層次，被角色化後，通常會是一個位高權重的女性，在古代會是皇后，現代則是女王，她代表了女性特質發展到最高地位時的形象。皇后／女王不僅代表意識所崇尚的理想女性，也代表女性的超越性（編按：指超越知覺和知識的界線，處於普通經驗或理解之外的狀態）價值，因為皇后／女王也是女神和母親的表徵。

《愛麗絲夢遊仙境》創作時是英國維多利亞女王統治的時期，作為該時期的投影，代表權力的國王被改為殺伐決斷的紅心王后，紅心國王成為了老好人，被賦予更多女性特質。這意味著女王是國家權力的代表，而權力本身就容易和殺戮、雄才大略等特質聯繫起來。就像《易經》中的乾卦，九五之尊的出處就來源於此：「天行健，君子以自強不息。」代表強健。

女王如此，那麼作為男性的國王就不能再染指國家權力，需要配合女王，就像《易經》中的坤卦：「地勢坤，君子以厚德載物。」代表的是接納與承載。

女性在成長過程中，會吸納家庭與社會認可的文化價值，建構自我。試想，一位完全依照社會價值發展的女性會成為怎樣的人？通常，她會有一個非常清晰的目標——成為一名「好的女性」，因為這樣的人在社會上適應良好，知道自己該做什麼、不該做什麼，也相對容易發展出強健、穩定的自我。

當不符合社會價值的想法或感受出現時，她會將其隱藏到意識的下層。例如東方社會中，對溫婉順從的女性給予了極高評價，導致與之相反的性格與行為成為缺點，例如大喇喇、不順服、說話直接等。

當女性不符合社會期待時，就會受到外在和自己的批評：「女生不應該這樣！」這種批評會隨著時間與生活的改變不斷累積，並且會因群體文化與個人經驗而有所不同。**女性成長的過程中，第一個課題就是面對自己內心的否定**，因為那是女性經常迴避的心靈區域、內在世界的處女地。

成長的第一步就是進入自己的禁區，進入的方法一般為催眠、沉睡等。而清醒與沉睡的分界是一種恍惚狀態，似睡非睡、似醒非醒。在這樣的狀態裡，意識會變得狹窄、單一，故事中的愛麗絲沒事情做，變得很睏，就是指她進入恍惚的狀態，然後再進入睡眠。

在當時的歷史背景下，女性不僅要認同女性特質，還要發展自己的陽性能量阿尼姆斯。故事中愛麗絲多次變大變小，是自我能力變化形象化的展現。對應到現實世界中，**愛麗絲變大變小，就是孩子們有時希望自己馬上長大，有時又希望永遠不長大**。

這樣的想法其實常常受到大人的看法和期望左右，比如大人前一分鐘還以「你已經長大了」為由，禁止孩子撒嬌，下一秒又因「你還小」要求孩子提早回家。

大人才具有權威、小孩子只能乖乖聽話的規則令卡羅生厭。於是在故事中，愛麗絲遇到了抽水煙的毛毛蟲，牠告訴愛麗絲可以透過吃蘑菇來控制體型，其實是一種自我認同的調適。對女性來說，在意識發展時，陽性能量較易被壓制成為潛意識，而要成為一個完整的女性，則需要與自己的內在陽性能量，即阿尼姆斯緊密連結。

認同自己的阿尼姆斯是困難的。阿尼姆斯會被社會規範影響，不被允許發展的陽性能量，會以原始的方式展現出來。當阿尼姆斯占據人格的主導地位時，女性化的一面會被壓抑、退到幕後，所以強悍的女性很容易產生憂鬱與不滿足感。

這時，阿尼姆斯會以一種群體性、僵化的道德價值觀要求個體順從，內心彷彿有個聲音在不斷告訴她：「妳應該……。」如果女性不符合價值觀標準，內在的聲音就會攻擊她：「妳不夠……」、「妳怎麼……」。除了自我貶抑與傷害，這種態度同時也會投射到外界，比如強悍冷酷、嚴苛且不通人情的特質。如果她擁有權力，藉著權力加持，甚至可能比一般男性更殘酷、難以親近。

在書中，紅心皇后不僅位高權重，對愛麗絲來說，她更是陳舊觀念，以及社會束縛、道德壓迫、懲罰的化身。儘管愛麗絲聰明勇敢，但在古板迂腐的氛圍中，想要做自己、獲得成長、不再拘謹於禮儀，她仍有所忌憚，因為紅心皇后動不動就要砍頭。其實，這也是愛麗絲對自己的阿尼姆斯的一種恐懼，童話中她的擔憂也是這種恐懼形象化的體現。

從上述視角看《愛麗絲夢遊仙境》，我們看到的不僅僅是一個奇趣的夢中世界，更是女孩子成長的縮影。其實，有時候夢比現實更能呈現人的精神世界。夢本身是我們成長的重要資源，它會在有意無意中幫助我們化解內在的衝突。

如果你在成長過程中遇到困難，不知如何是好，試過很多辦法都收效甚微時，不妨先睡上一覺，或許就會出現新的靈感。

4

權力、聲譽與財富，沒有人不愛

——《小王子》

小王子是一個來自B612星球的孩子。他住在一顆和一間房子差不多大的小行星上。某天，一粒玫瑰種子飄落到他的星球上，並且生根、發芽、開花。小王子以前從未見過玫瑰花，他對這朵有些虛榮的玫瑰花很好奇，並對她唯命是從。但小王子當時還小，不明白玫瑰花藏在虛榮背後的愛意。

儘管小王子不明白那種愛，心卻受了傷。玫瑰花的虛榮心傷害了小王子的感情，於是小王子告別小行星，開始遨遊太空的旅行。

小王子在到達地球之前，拜訪過六個行星，那裡住著國王、愛慕虛榮的人、商人、酒鬼、點燈人和地理學家，小王子在和他們對話時感到奇怪和不解。最後，小王子帶著失望來到地球，他在山谷中第一次聽見回音，覺得無趣極了，他認為山谷中那個「不曾出現的人」只會重複別人說過的話。

兜兜轉轉中，小王子遇見了一條蛇，蛇說的每一句話都像謎語，蛇告訴小王子自己可以幫他回家，但是小王子不懂蛇說的是他被咬傷死亡，還是重新回到B612。告別蛇之後，小王子遇見了生命中第一個親密朋友——小狐狸，小狐狸告訴小王子被馴服的祕密和代價，教小王子學會用心去看。

慢慢的，小王子想回到自己的星球，再次見到玫瑰花。於是他來到撒哈拉沙漠。

在撒哈拉沙漠，他碰到一個飛行員，飛行員的飛機故障，不得不降落在撒哈拉沙漠。小王子和飛行員在撒哈拉沙漠相伴，並且用小狐狸教給他的祕密，一起找到了生命的泉水。

最後，小王子離開地球，回到了他的 B612 小行星。

年少初讀《小王子》時，我很容易就帶入了小王子的第一視角，看到住在 325、326、327 小行星上的國王、愛慕虛榮的人和酒鬼，我因為他們的古怪、無法理解，而對他們產生厭惡感。同時，我還對小王子走馬看花式的旅行感到失落和遺憾。我心想：那些大人怎麼那麼俗氣？長大以後，我可千萬不能變成那樣。

或許小王子也被大人塑造的假面矇騙，他只看到了每顆星球上所遇之人單一的人格面具，來不及深入他們的內在，沒有聽完他們「何以至此」的故事便匆忙離去。

如今再讀《小王子》，我已成年。我失落的想到：**那些行星上的人，不就是一個個長大後的小王子嗎？**

人們想獲得安全感，最常見的方式就是追求愛，小王子也是。小王子到各個星球旅行，是因為他在B612和玫瑰花相處時受到傷害，為了保護自己，他離開了。

在旅行中，他看到了沉迷於權力、威望和財富，而喪失內在真實、真誠、親密互動能力這些孤單的人。當小王子看透了這些外在的社會成就和馴化後，他再次失望。這時，他遇到教他如何在親密關係中走向成熟的小狐狸。

他們趕走了我的邪惡，也趕走了我的天真

社會馴化往往離不開權力、聲譽與財富，這三個方面在《小王子》的故事中也各有體現。

《小王子》中有一段對話，講的是小王子想在國王面前打哈欠，被國王禁止，但是小王子解釋過原因後，國王又命令他打哈欠。因為國王想要保持他的威嚴，他想受到尊敬，無法容忍別人不聽他的命令，他是一位絕對的君主。可是，他同時也很善良，他下的命令都是有理智的。

這是一位熱衷於權力和控制的國王，他需要控制別人，以此獲得尊貴和優越感。

在社會上，國王屬於領導和權威階層。小王子對他說：「可是你的星球只有你一個人，你可以掌管誰呢？」

下面是一段《小王子》中的對話：

小王子看看四周，想找個地方坐下來，可是整個星球都被國王華麗的白底黑花皮袍占滿了。

他只好站在那裡，但是因為疲倦，他打起哈欠。

國王對他說：「在一個國王面前打哈欠是違反禮節的。我禁止你打哈欠。」

小王子羞愧的說道：「我實在忍不住，我長途跋涉來到這裡，還沒有睡覺呢。」

國王說：「那好吧，我命令你打哈欠。好多年來我沒有看見任何人打哈欠。對我來說打哈欠是新奇的事。來吧，再打個哈欠，這是命令。」

「這反而讓我有點緊張，我打不出哈欠了。」小王子紅著臉說。

「嗯？嗯？」國王回答道：「那麼我……命令你一下打哈欠……一下……。」

他自言自語，顯得有點惱怒。

從社會動力學（編按：將社會現象想像成人類個體間互動而形成的理論）來看，國王在人際關係中不允許例外，他試圖控制一切，即使只是對方的一個哈欠。然而，自然的、非理性的動作難以被規訓，因此，國王會惱怒、不斷修正自己的法規，以示自己慈愛，同時又兼具權威，他不允許自己展現軟弱、無力，甚至蒼老的一面。

在心理專家卡倫・荷妮（Karen Horney）《我們時代的病態人格》（*The Neurotic Personality of Our Time*）一書中，具體羅列了追求權力如何保護我們，進而對抗焦慮，有一種是釋放敵意，釋放敵意的特殊方式包括追求權力以對抗無助感，以及避免遭受危險或輕視。

正常人也有追求權力的需求，它源自對自己超群實力的認識，不管是在體力、能力、心理能力、成熟度還是智慧上。而區分病態人格與正常人格的標準，就是**正常人格對權力的追求出於力量，病態人格則出於軟弱**，如焦慮、憎恨和自卑感等。過度追求權力的病態患者拒絕讓步，覺得贊同和接受別人的意見是一件軟弱的事。他們因此無法讓步，從而影響到愛的關係。

儘管愛可能還有其他含意，比如向愛人和自己的感受投降、讓步。小王子在B612時忍受不了玫瑰花的傲慢而離開，面對國王時也忍受不了他的控制欲和權力，同樣選擇離開。

不知道這位國王是否曾被老國王和王后教導：「作為一個國王，你必須保持你的尊嚴，千萬不能讓人看到你的軟弱，否則沒有人會聽從你說的話。」

這顆星球上是否也曾住著一位善良、親和的小王子，在逐漸適應「國王」人設的過程中，無數次反抗，但為了成為萬人之上、父母心中未來偉大的王，他在成長中被動的犧牲了很多東西。人們告訴他，等到他成為一位尊貴的國王，一切都應有盡有，他可以享盡榮華富貴，但這顆星球上只住著他一個人。溫柔的小王子看見了國王的善良，但不能接受他的控制，最終，小王子還是離開了。

小王子告別國王，來到第二個星球。一個戴著高帽的人向小王子打招呼，他第一句話就是：「一個崇拜我的人來拜訪我了。」小王子還未社會化，沒有禮貌的回應他：「你的帽子很奇怪。」

「這是為了向人致意用的。當人們向我歡呼的時候，我就用帽子向他們致意。可惜沒有一個人經過這裡。」愛慕虛榮的人回答。

小王子不解其意，說道：「是嗎？」愛慕虛榮的人向小王子建議：「你用一隻手去拍另一隻手。」小王子鼓起掌，這位愛慕虛榮的人謙遜的舉起帽子向小王子致意。

重讀這一段，我覺得這個人真誠而可愛。他表現出來的謙遜源於獲得「崇拜」和「尊重」，而如何判斷自己是被尊重的呢？是對方的一隻手拍了另一隻手。

孩子在成長過程中，需要從成年人、師長眼中看見自己、肯定自己。他需要掌聲，需要在父母眼中閃閃發光。在B612以外的星球，如我們所見，**追求權力是一種對抗無助和無價值的保護性措施**。而這個星球上的人在追求威望，他戴著高帽，迫切的想要給別人留下深刻印象，以此得到褒揚和尊重。

小王子心想：這比訪問那位國王有趣多了。於是，他又鼓起掌。愛慕虛榮的人又舉起帽子，向他致意。小王子這麼做了五分鐘後，對這樣單調的把戲有點厭倦了，說道：「如果我想讓你的帽子掉下來，該怎麼做呢？」可是這回，愛慕虛榮的人聽不進他的話，因為凡是愛慕虛榮的人，只聽得進讚美的話。他問小王子：「你是真的欽佩我嗎？」

這個戴著高帽的人，幻想自己給別人的印象是美麗的、聰明的，或是取得了某些出色的成就。像是富人透過揮霍錢財來凸顯自己的富有，他的自尊則依賴於別人的讚揚。如果沒有讚揚，他的自尊就無所適從，而小王子對誇讚他這件事感到厭煩。

現實中，這類依賴聲望的人會過度敏感，不斷的感到羞恥和煎熬。而戴高帽的人似乎反應比較遲鈍，還沒有意識到被羞辱。

分析這類患有病態人格的現代人時，卡倫・荷妮提出，儘管這類人自始至終都想吹捧自己，但究其本質，**他們這麼做並不是出於自愛，而是因為他們內在有著自己無足輕重和被羞辱的感覺，吹捧自己只是一種防禦模式，保護隨時可能坍塌的自尊。**

和別人的關係越遠時，就越需要內化一個萬無一失、美妙絕倫的自我。小王子在玫瑰花身上看到了她的孤芳自賞，卻看不見她的虛榮和驕傲之下隱藏的軟弱。於是，小王子離開了玫瑰花，也離開這位戴高帽的人。

隨後，小王子遇見一個不斷數星星，來計算自己擁有多少財富的商人。在我們的文化中，財富同時也會帶來權力和威望。然而，在孩子眼中，鑽石和彈珠沒有區別。

小王子說：「如果我擁有一條圍巾，我可以戴著它，得到溫暖。您擁有星星，您會做什麼呢？」擁有火山、圍巾和照顧一朵玫瑰花，都能帶來內心的平靜與慰藉，這些都源於抵抗過度追求金錢的焦慮，活在現實和情感中的童真。但商人聽不進去，因為他犧牲時間、健康去追求星星的數量。

在原書前言，作者安東尼・聖修伯里（Antoine de Saint-Exupéry）寫道：「我願意把這本書獻給一個大人。」

所有大人都曾經是孩子，可惜只有少數大人記得這一點。作為社會的一部分，我們需要歷經社會化，我們要立足，獲得權力、聲譽、金錢和地位。如果我們能做自己熱愛的事，同時也能被這個社會褒獎，這就是一種良性的互動。

國王、愛慕虛榮的人和商人，分別代表著在社會上追求權力、聲望和財富的人，卡倫．荷妮在《我們時代的病態人格》中，把他們都歸為同一類。

在我們的文化中，如果想要獲得關愛，就需要與他人接觸，獲得安全感，而沉迷於追求權力、聲望和財富，就意味著要減少與別人的接觸，透過強調和堅持自己的立場來獲得安全感。小王子不想被社會馴化，他逃離了。就像作者選擇成為飛行員，遠離塵世喧囂、名利，也就遠離了一個個真實的人和日常生活。

《小王子》也是關於作者人生觀的童話。在本書第一章，講述了主人公年幼時曾經畫過一條吞掉大象的蛇，並透過觀察大人們是否能看懂那幅畫，來判斷他們是否還擁有童真。他會篩選出頭腦清晰的人，不幸的是，似乎沒有人通過測驗。

於是，他學會了虛假的談論打牌、高爾夫球、政治及閒話。主人公童真的一面不曾被看見和理解過，他渴望在成年人的世界裡尋找童真，必然會重複不斷的受傷。

直到小王子出現，看見他的與眾不同，他才進入了心靈的世界；小王子的出現，讓他變成了一個大人，一個要修飛機、有使命感的大人。他被要求畫綿羊，主人公畫了那麼多綿羊都無法讓小王子滿意，最後他畫了一個盒子，綿羊被關在裡面，理想中的綿羊和被吞食的大象都只能靠想像看見。

進入成年人的世界，就意味著要順應社會規範、承擔責任。如何保留兒時所擁有的創造性和真實感？國王、愛慕虛榮的人、商人身上其實有善良、被看見和被欣賞的需求，也有努力生活的目標，儘管他們已經成為大人，但依然擁有對愛和被關注的渴望。

小王子是帶著失望離開的，他在成長這件事上遭遇了挫折。

瑪麗—路薏絲．馮．法蘭茲（Marie-Louise von Franz）曾在《永恆少年：從榮格觀點探討拒絕長大》（*The Problem of the PUER AETERNUS*）對《小王子》的分析中，引用一個案例，有兩位美國問題少年相約分別去

▲ 吞掉大象的蛇。

做佛洛伊德（Sigmund Freud）派和榮格派的心理分析。

做佛洛伊德派心理分析的少年，一年之後就恢復了，得到了治癒。他了解自己在生活中所抱持的幼稚態度，已經放棄了他的戀母情結（Oedipus Complex，也譯作「伊底帕斯情結」或「俄狄浦斯情結」）和其他臆想。榮格派的少年問他：「那你以後準備做什麼？」對方說：「不知道，但是我必須賺錢並娶個老婆。」佛洛伊德派少年的現實感部分成長了。

接著，他說：「你知道，說起來有些奇怪，他們雖然把我的邪惡趕走了，但是同時也趕走了我的天真。」成長似乎是非黑即白、不可兼得。情感如是，理想主義和現實感亦是。

成長就是痛苦必須被揭露

小王子渴望心靈和情感的悸動，而對童年的小王子進行情感馴化的，有他心中的玫瑰花、小狐狸，以及在撒哈拉沙漠咬了小王子一口、讓他得以回到B612的蛇。他的生命中有兩個重要的女性角色：玫瑰花和小狐狸。有人問：對小王子來說，玫瑰花和小狐狸，哪個更重要呢？

為何魚與熊掌一定要取捨，分出一個「更」，達到一個「最」呢？玫瑰花和小狐狸都很重要，就像左右手，只是不一樣。

玫瑰花是小王子親自照顧的，即使這朵玫瑰花與地球上的五千朵玫瑰花都一樣，但只有她是小王子親手澆過水、蓋過玻璃罩、擋過風的。她是小王子用心呵護、栽培出獨一無二的玫瑰花，是小王子的愛情，也是他的初戀。在這顆孤獨的B612星球上，因為玫瑰花的出現，才觸動了小王子心中甜蜜和浪漫的情愫。有些特殊的意義，是蒙住雙眼才能用心體會到的。

初戀易碎，而小王子還是個孩子，他會被外面的世界誘惑，想去探索更多答案，他想要離開那顆小小的星球。玫瑰花很傷心，正如少女的心柔軟美麗，卻驕傲得不可一世。

就像太多無疾而終，卻讓無數人一輩子魂牽夢縈的初戀一樣。在和飛行員談論B612的玫瑰花時，小王子充滿懊惱：「我不該聽信一朵花，應該以她的行為來評斷，我的花兒讓整個星球都香氣四溢，為我的生活帶來了芬芳和光芒，但我不知如何享受……。」

在《永恆少年：從榮格觀點探討拒絕長大》一書中，有關玫瑰花對於作者聖修伯里的意義，馮．法蘭茲推測：聖修伯里的妻子就叫「玫瑰」（Rosa），他是在被浪漫沖昏頭的情況下與她結婚的。

可見小王子與玫瑰花的關係恰如作者與妻子，玫瑰花是作者對阿尼瑪的投射。和玫瑰花相處何其困難，小王子受夠了玫瑰花的虛榮、情緒，甚至是她的美麗和魅力，而他不想為此負責，也難以為此負責，於是小王子離開了。

阿尼瑪在榮格派分析心理學中是一個特別重要的概念，它是男性心中的女性形象。在基督教中，玫瑰花的象徵意義有二：一是象徵聖母瑪利亞及天堂之愛；另一個則是世俗情欲的象徵，即維納斯（Venus，古羅馬神話中的愛神）的形象。而玫瑰花四根刺的對稱性是曼陀羅的基本形式，同時，曼陀羅亦是自性的象徵。

這個時期的玫瑰花是男性阿尼瑪幼稚的狀態，為了走向成熟，玫瑰花和小王子必須分開。有人曾提問馮．法蘭茲，如果玫瑰花沒有試圖對小王子隱瞞她的淚水，而是真的哭泣了，是否會出現兩者都變得成熟的可能性？答案是肯定的。

如果他們可以談談心中的困擾，交換彼此的悲傷，他們都能變得成熟。**成長就是痛苦必須被揭露，並且忍受折磨，唯有透過這樣的方式才能趨於成熟**。過於理性、壓抑真摯的情感，只能維繫短暫的自尊。

小狐狸和玫瑰花同樣驕傲、刁蠻、有野性。但不同的是，小狐狸願意被馴化。小狐狸比玫瑰花更為成熟，可能也更世俗一點，她會直接表達自己的想法，和小王子交流，而不是為了自尊而把一切都埋在心底。小狐狸甚至願意讓人馴服，以獲得更親密的關係。

至於如何馴服，小狐狸給出自己的答案：「你必須非常有耐心。首先，你要在離我稍遠的地方坐下，就像是那樣。在草叢間，我從眼角偷偷看著你，而你什麼都別說。話語是誤會的根源。但是，你會坐得離我更近一些，一天接著一天……。」

小狐狸教會小王子此時此刻的重要性，以及互相陪伴的情感價值。情感賦予當下價值，如果沒有情感，個體與此刻之間就沒有關係，隨之而來的是責任，透過責任感，個體得以形成。

菲利波．皮奇內利（Filippo Picinelli）在《聖母瑪利亞的象徵》（*Symbola Virginea, Ad Honorem Mariæ Matris Dei*，暫譯）一書中提到：「狐狸是信仰及先見之明的象徵物，因為狐狸以牠的聽覺來探查事物。因此基督徒只能靠雙耳來察覺神聖的祕密性，而不是以雙眼。」這或許就是作者選擇「狐狸」這個意象創作的原因之一。

在狐狸的指點下，小王子彷彿突然理解玫瑰花對他的意義。他說：「我浪費了許多時間，這就是為什麼她對我來說是獨一無二的！這也是為什麼我必須對她負責，同時，也不只是把她看作萬叢中一朵平凡的玫瑰花。」

小王子的這份覺悟，看似理解了小狐狸所教他的，但是還缺少了些什麼。令人遺憾和詫異的是，小狐狸和小王子之間發展了一段新的親密關係，小王子卻為了回到有玫瑰花的B612，背棄了這段關係。他沒有辦法對眼前的關係負責，再次逃離。

小王子是永遠的少年，他是純淨、理想化、非黑即白的經典形象。在社會化的過程中，小王子不認同任何一種工作和人格狀態；在愛的過程中，有無數次的親近和渴望，明白了責任和當下的意義。

愛的對立面是恨，是他不願承認和表達的。他的憤怒、脆弱和委屈，在孤獨和驕傲的驅使下，無法調適。他不想打破對純粹、美好戀愛關係的幻想，習慣逃避失望的情緒，沒有所謂的「非暴力溝通」。

中國精神分析師曾奇峰曾經總結，為何佛洛伊德可以做到高產、富有、充滿智慧和活力，那是因為他「以遊戲之心，行養家糊口之事」。

聖修伯里在社會馴化下，沒有將童心的純粹和成人的功利整合；在情感馴化下，他明白當下和陪伴的力量，但再進一步，想在柴米油鹽醬醋茶中保持對愛情的幻想，又是另一個階段的心理整合功課了。

小王子在蛇的幫助下，讓靈魂離開，可能是死亡，也可能是回到玫瑰花身邊，這是下一階段的人生任務，整合的起點。

就像太極圖，小王子以最純淨的童真和美好進入親密關係，卻容不下一點雜質，遇到問題就逃避，他受不了對方和自己的缺點。若他能看見夾雜在衝突中的渴望和失落、彼此慰藉，便能化解衝突。但是，對此他需要多一點耐心。

美國榮格分析師約翰・畢比（John Beebe）在回答「您認為心理治療中最重要的治癒因素是什麼」時，說道：**耐心。缺乏耐心會讓人生病**。

玫瑰花是否在等待小王子的歸來？小王子用離開獲得成長，玫瑰花是否在等待中，因逐漸擁有耐心和自我陪伴的力量，而同樣獲得了成長？

5

就算是天賜之子，也得挺過磨難

——《寶蓮燈》

很久很久以前，華山上有座神廟，神廟中供奉著玉皇大帝的外甥女三聖母，三聖母善良美麗。她有一件寶物叫寶蓮燈，由女媧補天時使用的五色神火變成，有無窮的法力，可以驅散瘴氣，保佑華山的百姓過平安的生活。

有一天，三聖母遇見上山燒香的書生劉彥昌，他英俊又有才華，兩人情投意合，結為夫妻。不久，三聖母懷孕了，但是要進京趕考的劉彥昌，沒辦法等到孩子出生，於是，他拿出祖傳的沉香玉，告訴三聖母：「這個妳收下，我們的孩子以後就叫沉香。」就這樣，兩人依依不捨的道別。

劉彥昌走後不久，天上的王母娘娘生日，邀請了各路神仙，但是有孕在身的三聖母不方便出席。這件事被三聖母的哥哥二郎神知道了，二郎神非常生氣，責怪妹妹私自與凡人通婚，需要受罰。

二郎神下凡捉拿三聖母，但是在寶蓮燈庇護下，二郎神不敢輕舉妄動。於是他派出哮天犬，趁三聖母休息的時候偷走寶蓮燈。就這樣，可憐的三聖母被壓在華山下的黑雲洞中。不久，三聖母生下了一個男孩，取名沉香，為了保護孩子，她懇求夜叉將沉香帶出去，並送到劉彥昌的身邊。

很快的，沉香年滿八歲。他得知自己的母親被舅舅二郎神壓在華山底下，於是他便請求二郎神，讓自己見媽媽一面，二郎神不僅沒有答應他，還把他關在天庭。

沉香一心想救出母親，在土地爺和同為人質的嘎妹的幫助下，沉香奪回寶蓮燈，踏上艱辛的救母之路。儘管年幼的沉香打不過舅舅，也無法磨滅他的救母之心。

皇天不負苦心人。霹靂大仙收沉香為徒，幫助他脫去凡胎，並賜予他一把開山神斧。沉香十六歲那年，他辭別師父，帶著寶蓮燈和開山神斧去找舅舅二郎神決一死戰。激戰中，二郎神屢施毒計，想將沉香置於死地。千鈞一髮之際，寶蓮燈發出金光，進入沉香體內，寶蓮燈和沉香合而為一，最終打敗二郎神。

沉香立即飛到華山，舉起開山神斧奮力猛劈。只聽一聲巨響，地動山搖，華山裂開了。他救出母親，母子緊緊抱在一起，百感交集，兩人都淚流滿面。從此，沉香和三聖母，與父親劉彥昌團圓，一家人從此幸福生活在一起。

《寶蓮燈》又名《劈山救母》，最早來源於「二郎神劈山救母」的傳說。到了清代，《寶蓮燈》又名《二堂舍子》、《打子放逃》，故事中除了我們現在看到的三聖母、沉香、劉彥昌、二郎神這些人物，沉香還有一個弟弟，是劉彥昌狀元及第後，和當時宰相的女兒所生。沉香失手打死老師的兒子，弟弟和後母為了保全他，將他偷偷放走，頂罪的弟弟被打死。隨後沉香逃至深山，拜師學藝，最後劈山救母。

從心理學的角度看，神話故事能源遠流長的原因，在於它可以打動人，這是人類共同擁有的精神，也是最原始的精神。這種精神不分人種、國界、年齡，也就是集體潛意識。

組成集體潛意識的概念稱為原型，比如母親原型、父親原型、照顧者原型、死亡原型、英雄原型和智者原型等。

榮格曾說：「人生有多少典型的情景，就有多少種原型。」這些原型在每個人的生命中，都以一種特定的傾向蟄伏著，等待意識察覺，然後被表達、被看見。

榮格學派有個共識：「原型經驗是心理治療中唯一的治癒要素，所以諮商師的任務就是喚醒個案內在的治癒者原型。」也就是說，**個案的內在本就有一個治癒者原型蟄伏著，等待被誘導出來，發揮治癒功能**。

身體的疾病可以透過外在的醫療手段治癒，內在的心理疾病也一定有個內在的治療者可以承擔此項任務。**諮商師只是發揮陪伴和啟發個案的作用，最後的治癒成功與**

否，**還是靠個案自己**。

如同貓吃貓草，是因為草中的纖維可以刺激腸胃，幫助牠們排除體內的寄生蟲，這就是一種原始的原型經驗，不用學習，天生就會。

那麼，是否可以認為《寶蓮燈》中的人物和主題都是有原型意義的？答案是肯定的。這些神話人物都是人類內在潛意識不同面向的投射，投射的結果是我們可以間接和自己的潛意識連結，從而將潛意識的思想和情感意識化，這也是精神分析中一個很重要的治療要素。**看似是別人的故事，但其實關乎我們每個人，這也是神話能夠流傳下來的主因**。

達到天人合一，成為完整的自己

分析心理學對於自性的解釋是：自性是人類心靈的核心，也可以理解為完整的人格，這個完整的人格中包含著意識和潛意識、陰陽、對立統一等，這些對立面組成了完整的我們。

那《寶蓮燈》和自性有什麼關係呢？我們先來看這個神話故事為什麼以一個燈來

命名？用「寶蓮燈」來命名，說明了這盞燈在故事中的重要性。

相傳寶蓮燈是和女媧娘娘有關的寶物，而女媧又是創世神話的主角，她手持這盞燈照亮了三千世界。

創世神話是專門講述人類起源和萬物形成的神話，也是表達意識起源的過程，所以故事中的這盞燈，對人類的心靈有啟蒙和光明的意義。

燈，是火也是光，它可以是意識之光的象徵。鑽木取火代表了人類從蠻荒進入了文明發展。從寶蓮燈的造型上看，燈高九寸，燈芯居中，被盛開的蓮花護佑。燈芯為陽，蓮花為陰。

燈這個意象帶有光明、陰陽合一的特質，而這些都和自性的特質相關。所以，寶蓮燈在這個故事中便是自性的象徵，也是人類心靈中的一種整合法則。

在一九九九年版的《寶蓮燈》動畫片中，眼看沉香就要被二郎神打敗，這時，寶蓮燈出現在沉香的頭頂，閃閃發光，然後慢慢落入沉香的身體中。二郎神驚呼：「燈神合一！」

沉香渾身發光，慢慢睜開眼睛，彷彿他新生和覺醒了，接著沉香就戰勝了舅舅。

此時，**象徵自性的寶蓮燈和沉香合為一體，意味著沉香達到了「天人合一」的境**

界，**成為完整的自己**，並因此獲得神力，戰勝了強大的二郎神。

故事中寶蓮燈的作用就如同自性，對心靈成長有著引領的作用，讓沉香得以開啟一段個體化的旅程——英雄成長之旅。這段旅程也是整合的過程，意味著成為自己，實現自我。**用「寶蓮燈」來命名，一定意義上也反映了人們潛意識中，對自我完整的嚮往**。

戰勝舊規則，英雄才能誕生

沉香在很小的時候就被迫和母親分開，在他八歲時萌生了救母的想法，但因為時機尚未成熟，他非但沒有救出母親，反而到處受騙。直到他十六歲，才打敗二郎神，救出母親。

故事中提到的這兩個年齡，**八歲和十六歲，無論從身體還是心理上，都是個體發展過程中重要的關鍵**。

八到十二歲的孩子處於童年晚期，面臨的主題是從家庭走向更廣闊的世界。這個年齡還屬於兒童時期，雖然已經發展出強烈的個人意識，但依然無法擺脫對父母的依賴。所以沉香在這個年齡萌生救母的願望，失敗也是必然的。

十六歲屬於青少年時期，這個階段孩子會思考「我是誰」，也是探索自我同一性（編按：在哲學中，指每個事物只與它自己有關的關係）問題的階段。此時，身體的變化也很明顯。《黃帝內經》中說男性十六歲時「腎氣盛，天癸至」，有了生殖能力。這個階段的沉香已經知道自己的目標，外形上也脫離孩童的容貌，有了成熟男性的樣子。所以，在十六歲時，他終於成功救出母親。

人的一生中會遇到各種不同的原型，會在特定的年齡進入某一特定的心理發展階段。比如《寶蓮燈》中，沉香就為我們展示了一個普通男孩，從兒童形象到英雄形象的過程，這也是我們每個人要面臨的自我變形階段。

故事中主人公的遭遇，其實就是我們成長中要經歷的磨難，戰勝這些磨難的方法早已被銘記在神話中。接下來，我們將故事情節對應現實生活，看看一個男孩的成長需要經歷哪些階段。

生命的目的是讓個體獨立於世界，成為獨特的自己。從誕生、受苦到解放，這樣一條線構成了人類發展的各個階段。這條線同樣也貫穿在整個神話故事中。

盤古劈開天地、古希臘的天空之神烏拉諾斯（Uranus）和大地之母蓋亞（Gaia）

被他們的小兒子用一把石鐮刀強行分開，從此天地分離，萬物誕生。這象徵著意識從潛意識中分離。接著對立面出現，有了你我、天地、黑白、男女，也有了時間、空間和方位。

故事中，沉香在八歲時遭遇了很多打擊：母親被壓在山下、父親缺席、想救母親卻沒有能力。幸運的是，他遇見了一個厲害的師父，師父教會他武功，並且賜予了他一把武器，幫助他打敗了舅舅，救出母親。

故事中的沉香雖然沒有父母的陪伴和支持，但從際遇原型來看，告訴他身世的土地爺指點他去尋找師父，土地公在此處是一個智慧老人的原型。

有句話說：「一日為師，終身為父。」他的師父、教他武功的霹靂大仙，在此處是一個支持他的父親原型；舅舅則是沉香生命中父親原型的另一個面向：權力和控制。

此外，還有年輕漂亮的嘎妹。十六歲的沉香已經具備生殖能力，所以嘎妹是他在這個年齡，內在阿尼瑪的原型。再加上「寶蓮燈」的自性原型，這些都預示他能順利進入到下一個人生階段。

我們在臨床研究中發現，有的孩子沒有父母陪伴，但如果有奶奶或姑姑陪著孩子成長，孩子同樣會得到支持。

我們能在對立面的形成過程中體驗到自我的存在。但矛盾的是，我們**在擁有意識的同時，也要開始面對選擇的痛苦和衝突**。在這樣的衝突中，必定會有英雄的誕生。

現實中這個年齡段是叛逆期，所謂的叛逆，其實就是個體和群體的對抗，對抗的背後就是要凸顯自我、確定自我。

這些體現意識覺醒的「英雄神話」是神話的主要類別之一。中國有后羿、大禹、沉香，西方有古希臘的海克力斯（Hercules）等。

人的第一個心理成長階段，是在母親支配的母權世界裡，母親提供我們食物和奶水，還有安全舒適的生長環境；第二階段是脫離母親，進入由父親帶領的父權世界，走出家庭進入群體，擁有責任感；第三階段是從外部返回內心尋求答案，最後面對死亡這一人生最後的議題。

神話中的英雄，面對的是和初始父母的原始鬥爭，這裡指的並不一定是個人的父母。和初始父母的鬥爭，在心理層面象徵的是掙脫過去的束縛，成為自己。

男性在第二階段的任務很明顯，那就是和父親原型相遇，一方面要爭取好父親的支持，一方面要戰勝壞父親來確立自己的地位。其中會有統治者原型、導師原型等，因為男性特質決定他們會認同權力、反叛、力量；女性成長過程中，會遇到照顧者原型，因為她們更加認同同情和親密關係。

故事中，沉香一心想要打敗舅舅，就是象徵內在心靈獨立，舅舅在這裡是負面的父親原型角色，沉香的任務就是打敗舅舅，證明自己。舅舅在故事中是天神，這個時候正是沉香從母權世界進入父權世界的階段，所以舅舅在這裡是規則、權力的象徵。

故事中舅舅對母親的懲罰，讓青春期的男孩感到恐懼，於是他必須從理想化的幻想中走出去、面對這個恐懼。這體現了一個英雄所必須具備的勇氣。

打敗舅舅，就是打敗父輩代表的舊規則和舊道德，英雄則代表著新道德的崛起。**英雄必須擺脫阻止他自我發展的約束力，這象徵新舊衝突背後的消亡和復活，舊的必須被戰勝，新的才能繼續生長。**

再強壯的男人也是母親的孩子

對沉香來說，成長的結果是「救母」。從象徵和寓意去理解，意識是男性、父親、天空、光明，是思維和邏輯；潛意識是母親、大地、孕育，是感性和創造性。

從分析心理學的角度，沉香去尋找和解救的，是和意識相對的潛意識（母親），這樣，意識和潛意識、理性和感性、男性和女性才能完整。

自古以來，以救母為主題的故事有：沉香劈山救母、目連救母（佛經故事）、《南遊記》的華光救母等。

東西方的文化差異，導致故事內容有不同的傾向：西方是掙脫母親，而東方是救母。救母是中國傳統文化潛意識和弘揚孝道文化的一種體現，從榮格學派的角度也能窺見救母背後的潛意識表達。

救母背後的象徵意義很多，《寶蓮燈》這個故事中主要是和愛有關。《寶蓮燈》被拍成動畫電影上映時，片中有三首歌——〈天地在我心〉、〈想你的三百六十五天〉、〈愛就一個字〉，紅極一時。從歌名中，就可以感受到一種濃烈的愛貫穿整個故事，從舒緩溫情的思念，到堅韌不屈的宏大之愛。

現實中，我們感受到的第一份愛就是母親給予的，讓我們從對愛的外在體驗，轉向內在去尋找愛。從這個意義上來說，不管母親愛不愛我們，我們都要感謝母親。

母親是被舅舅壓在山下的，故事中舅舅象徵了父權。隨著生產力提高和人類意識的啟蒙，人類從母系社會進入父系社會，男人對女人進行統治與控制的父權文化逐漸形成。

從心理層面上看，**男性對女性一直都帶有恐懼，因為再強壯的男性也是母親的孩子。最初的關係就是母子，母親能決定嬰兒的生死。**

剛剛逃出大母神原型（潛意識）控制的男人（意識），會因為恐懼而對女性採取鄙視、控制的手段，因為潛意識既可以是意識的誕生地，也可以是吞噬意識的深淵。

另一方面，男性對於自我身分的認同感日益膨脹，他們想充當救世者和正義的化身，代價就是壓抑本能欲望，因此將嫌棄自我的心理投射到他們的對立面——女性，並試圖透過一系列的手段囚禁她們。比如纏足這種陋習，就是男性將鄙視投射在女性身上。還有我們熟悉的《白蛇傳》中的法海，也是一個典型的父權文化代表人物。

總而言之，男性對女性的恐懼，其實是未得到獨立的意識，對潛意識的恐懼。

作為英雄的沉香，是新生事物的顯現。解鈴還須繫鈴人，對於女性特質的抑制，需要男性自己釋放。這是一個人對完整性的嚮往。故事的圓滿結局，代表人類需要潛意識來完整心靈。

第二章

理解我們內心深處的恐懼

1

關係破裂無可避免，修復才能走更遠

——《美女與野獸》

有一位鰥夫商人，他和自己的十二個孩子（六個兒子和六個女兒）住在一座豪宅裡。他所有的女兒都很漂亮，最小的女兒貝兒（Belle）被稱為美女，因為她是所有女兒中最漂亮，也是最可愛善良、博學多才的。

商人在一場海上暴風雨中，失去了所有的商船和貨物，因此，他和孩子們被迫搬到森林中的小屋，艱難維生。小女兒決心以愉快、樂觀的態度適應鄉村生活，但她的姊姊們卻認為妹妹的想法無比愚蠢。

幾年後，商人聽說當年有一艘商船躲過風雨，返回了港口。滿心歡喜的他打算去拿回屬於自己的財產，離開前，他問孩子們是否想要禮物。女兒們紛紛要求華服、珠寶，貝兒卻只懇求父親安全歸來。疼愛她的父親堅持要帶一份禮物給她，「給我一朵玫瑰吧，我們這裡種不出來。」小女兒說。

令人沮喪的是，商人船上的貨物被悉數沒收，以償還債務。他身無分文，返家途中還遇上一場暴風雨，情急之下，他躲進陌生的城堡尋求庇護。

城堡內空無一人，桌上擺滿食物和飲料。商人飽餐一頓，並在城堡裡過夜。第二天準備離開時，他發現城堡中有一座玫瑰園，想起小女兒想要一朵玫瑰，他摘下他能找到最可愛的一朵玫瑰。此時，一隻可怕的野獸咆哮：「這是我最珍貴的財產，我要殺了你！」

可憐的商人向野獸乞求，說自己只是想送給小女兒一份禮物。野獸同意他帶走玫瑰，但前提是商人得讓其中一個女兒代替他被囚禁，並且必須自願。為了回家，商人別無選擇，只能接受這個條件。臨走時，野獸給他許多珠寶和精美的衣服，並再次強調，他不能欺騙女兒。

商人到家後，將玫瑰遞給小女兒，告訴她這朵玫瑰的珍貴之處，並講述當時發生的可怕故事。氣憤的兒子們說要去城堡與野獸戰鬥，其他女兒們則拒絕去當人質，紛紛指責妹妹犯了大錯。

只有小女兒自願到野獸的城堡做人質。第二天清晨，小女兒抵達城堡，野獸盛大的接待她，施放了寫有她姓名的煙火。野獸提供貝兒奢華的衣服和美食，並與她交談了很久。貝兒發現，野獸其實沒有那麼野蠻。

每天晚上，野獸都會向貝兒求婚，但每次都被拒絕。奇怪的是，每次拒絕後，貝兒都會夢見一位英俊的王子，漸漸的，她開始愛上夢裡的王子。待在城堡的期間，貝兒發現許多魔法房間，從圖書館、鳥舍再到劇院，應有盡有。她還遇到了許多動物僕人，比如鸚鵡和猴子，卻從未遇到夢中那個英俊的王子。

幾個月來，貝兒在城堡裡過著奢侈的生活，每一個心血來潮的想法都能得到滿足，還有無盡的財富供她享用。一日，貝兒想家了，她懇求野獸讓她探望家人。野獸允許了，但前提是她必須在兩個月內回到城堡。貝兒同意了，拿著野獸贈送的魔法戒指，轉動三圈後，她就在家中醒來了。

貝兒的姊姊們驚訝的發現她穿著華麗，心中瞬間燃起妒火，百般阻撓貝兒回到城堡，愛女心切的商人也再三挽留。兩個月過去，貝兒的腦海中，忽然浮現野獸獨自死在城堡的景象，儘管父親與哥哥們拚命阻止，貝兒還是義無反顧的回到城堡。眼前的一切證實了她的恐懼：野獸在山洞中奄奄一息，瀕臨死亡。

看著野獸悲慘的模樣，貝兒心煩意亂，這才意識到自己已經愛上了野獸。她從山洞附近的泉水中取水，悉心照料野獸。也正是在那天晚上，她接受了野獸的求婚。

第二天，當貝兒在野獸身邊醒來時，她發現野獸已經變成了夢中的英俊王子，兩人乘坐一輛由白色雄鹿拉著的金色馬車，舉行了婚禮，從此過上了幸福的生活。

《美女與野獸》（*La Belle et la Bête*）是法國小說家珍妮—瑪麗．勒普蘭斯．德博蒙（Jeanne-Marie Leprince de Beaumont）夫人於一七四〇年創作的童話，迄今為止已經多次改編，誕生了數十部影視作品。大多數觀眾是從一九九一年迪士尼出品的動畫片開始熟悉這個故事的，並在二〇一七年與二〇一九年兩部改編電影上映後，再次注意到它。

在德．維倫紐夫（Gabrielle-Suzanne Barbot de Villeneuve）的版本裡，美女與野獸的愛情故事，依然秉持舊有童話中王子與公主的傳統核心：美女貝兒生性善良，有妒忌刻薄的姊姊；野獸雖然醜陋，卻能提供無窮盡的財富。

在原版故事中，我們不了解兩人是如何相愛的，也無法理解只想讓父親帶回一朵玫瑰的女孩，為何會迷失在奢靡的宮殿裡，這讓兩人的感情帶有一絲物質至上的可疑氣息。他們的感情因此被許多評論家稱為「斯德哥爾摩症候群」（Stockholm syndrome，是指被害者對加害者產生情感，同情、認同加害者的某些觀點和想法，甚至反過來幫助加害者的一種情結）。因為大家看不到愛情的種子，只得從人質情結去理解。

在隨後數百年的多次改編裡，故事幾經轉化，但都只是細節上的改變，比如將玫瑰變成百合或蘋果，卻沒有改變故事的主線。

一九九一年的動畫片對原版故事做了有趣的改編，貝兒身上不僅善良，同時也聰慧而有見識，**有人稱貝兒為迪士尼公主中的第一個獨立女性，也是第一個不是因為英俊的外表，而是因為隱藏在野獸偽裝背後的個性愛上對方的迪士尼公主**。

千禧年後，童話故事的敘事方式再次發生了微妙的變化。從《公主與青蛙》（*The Princess and the Frog*）、《魔髮奇緣》（*Tangled*）、《海洋奇緣》（*Moana*）到《冰雪奇緣》（*Frozen*），愛情漸漸成為故事的背景，愛情是錦上新添的那朵花，而非雪中送的炭，主角們專注於追逐自己的夢想、完整人格。觀眾們也更期待看到自我拯救的劇情，而非依賴說不清的運氣與外貌。

換句話說，現代童話漸漸失去了天真和想像，更多是相信憑藉內在力量才能走出困境。

如今，透過電影展現在我們面前的《美女與野獸》（*Beauty and the Beast*），是一個再現心理疾病與治療過程的隱喻故事，無論是貝兒還是野獸，都獲得了自我救贖。在這裡，我們看到愛、勇氣以及智慧的力量。

童話故事常見的「王子變野獸」

在所有影視作品中，野獸都是令人恐懼的猙獰形象，常年躲在陰暗的城堡裡。城堡在黑夜中顯得恐怖，月光下只看得見嶙峋黑影。推開門，陰風陣陣，空曠的大廳布滿灰塵、結滿蜘蛛網。

即使在炎熱的六月，這裡都在下雪，充斥著寒冷無望的氣息。

野獸因醜陋的長相選擇遠離人群，不指望人們會接受牠，也無法與真人接觸——宮殿裡的所有侍從與賓客，都變成了無生命的家具。

聽起來是不是很耳熟？這座城堡像極了罹患憂鬱症的人眼中的世界。許多憂鬱症患者感知到的外界是黑暗冰冷的，他們對「明天會更好」不抱期待，也無法辯駁。

即使隔壁有一百萬美金，憂鬱症患者也無法起身去拿。這段說法淺顯描述了憂鬱症患者喪失動力，感到絕望的狀態。實際上，他們要忍受的折磨更加痛苦，分分秒秒都活在六月雪的陰森城堡中。尤其在發作期間，正常生活都很困難。

周圍的人面對他們時，常感到無所適從。就像在故事裡，要進入城堡並不是容易的事，必須穿越森林與荊棘，面臨狼群圍攻的危險。許多憂鬱症患者的照顧者也承受著巨大壓力，因為那條通往城堡的路困難重重，經常嚇退許多人。

童話故事裡有許多類似的「王子變野獸」情節，大多是主人公犯錯之後，受到詛咒，變成動植物或怪獸。可是現實卻複雜得多，**憂鬱症的成因目前尚無定論，學界大多認為是綜合因素：基因、環境、藥物、家庭、應激**（編按：應付刺激或對刺激產生反應）**事件等**。

這遠比童話麻煩，沒人有自信能絕對逃離憂鬱症，不知哪一天，憂鬱之網就會落下來。神奇的命運之手彷彿詛咒王子的巫婆，為了取暖進入城堡，在受到冒犯之後便揮動魔杖、念起咒語。於是天翻地覆，一切都不同了，城堡變得陰森、王子成為野獸、隨從變成家具，這樣的懲罰意味著剝奪生命的主動權。人性光輝散去，只剩下恐怖陰霾。

幼年情感需求未滿足，長大就不懂怎麼愛

原版童話中，關於王子的背景介紹寥寥，我們無從得知他是如何長大的，但是新版電影填補了這一空白。如今人們都知道，沒有無來由的恨與扭曲，總能溯源。但是

在過往的文學與影視作品裡，的確不太在意來路，彷彿人生來就是野獸、壞人天生就帶有侵略性，所以這些故事裡會用簡單、直接的標籤分類人群。

心理學的普及有一個好處：可以讓人們理解惡人背後的苦衷，理解那些看似荒謬的行為，背後隱藏的深層需求。更多的可能性，往往在體諒以後才會發生。

在改編的版本中，本來總想逃跑、與野獸對立的貝兒，在對野獸的成長經歷有了更多理解後，才萌生惻隱之心，讓故事得以發展。

這讓我想起最初做心理諮商時，接到一位轉診的個案，轉診報告上顯示他行為惡劣、人際關係糟糕——這不奇怪，坐在我面前的男孩抱著手臂、蹺著腳，滿臉不屑，面對我提出的任何問題，都粗暴回答。

而談進行到家庭環節，我對他的耐心也達到極限。男孩用低沉的語氣告訴我，早年喪母的他以留守兒童（編按：父母須外出到其他城市維持生計，但無法負擔城市生活成本，而不能將孩子留在身邊）的身分待在家中，一直到十三歲，才被父親和繼母帶去大城市生活。

無所適從的他不知道如何與城裡的孩子相處，他的口音、生活習慣，還有便當總是被嘲笑。

也就是從那一刻開始，我對他的粗暴無理有了新的理解，我看到他粗暴無理背後，深藏恐懼與防備。

當我們了解一個人，是如何變成今天這個模樣時，事情往往就有了轉折。電影《美女與野獸》借茶壺太太（Mrs. Potts）之口告訴觀眾，王子的母親很早就去世了，他由冷漠的父親撫養長大。

在回憶中，孩童時期的王子站在母親的病床前，爍爍鬼魅的燭火照著他慘白的臉，有人走進來，板著臉將這個內心正在崩塌的孩子帶走。

在這樣冷漠、疏離的環境中長大的王子夜夜笙歌，時時刻刻需要熱鬧和狂歡，以填滿他內心喪失溫暖的巨大空洞。孤獨已久的他面對城堡來客貝兒時，雖然抱有一絲期待，卻總以不合時宜的方式搞砸關係，比如推開對方、拒絕道歉、迴避問題等。

「他不懂愛。」茶壺太太如是說。

在冷漠的環境中被撫養長大的王子，成年後表現出渴望，卻不懂愛，他看起來對情感沒有渴求，只要歌舞昇平就好。他總是想觸碰又縮回手、假裝不在意、沒有同理心，只能以暴怒代替正常溝通。

依附理論（Attachment theory）之父約翰．鮑比（John Bowlby）曾在一九三〇年代研究過四十四名行為不良的男孩。他們在童年早期，因分離、喪失或被剝奪，而被迫中斷與母親的關係。從最初的抗議到絕望，最終他們不得不抽離情緒，來對抗創傷性分離。

後來，鮑比的同事瑪麗·愛因斯沃斯（Mary Dinsmore Ainsworth）在陌生情境實驗中，發現嬰兒有三種截然不同的依戀類型：安全型依戀（Secure Attachment）、焦慮型依戀（Anxious-ambivalent Attachment）和迴避型依戀（Avoidant Attachment），其中迴避型依戀的嬰兒，表現冷漠，展現出防禦性適應，心率與壓力荷爾蒙皮質醇明顯增高。

他們的母親總是拒絕嬰兒親近的需求，甚至在面對孩子的悲傷時，出現退縮、抑制情緒表達、厭惡身體接觸……。

鮑比在一九八〇年曾說：「對其他人的親密依戀是一個樞紐，人的一生都圍繞它發展。」

個人在童年時發展出的依戀類型，是他們與照顧者之間互動的結果，與他們成年後，在親密關係中展現的依戀類型相似。王子在孩童時期與母親被迫分離（母親死亡），恐懼和悲傷情緒未被父親理解與承接，導致他漸漸難以與他人建立信任與親密關係，抗拒內心的真實渴求，避免與他人建立深層連結。

在大衛・J・沃林（David J. Wallin）《心理治療中的依戀》（*Attachment in Psychotherapy*，暫譯）一書中，作者提到**面對這類迴避型依戀患者時，要建立情緒上的連結，給他們提供一個安全基地**。

躲在城堡裡的王子，已無法與過世的父母達成和解，也很難遇到一個心理治療師，但幸運的是，他遇到了一位安全型依戀的愛人，最終也是由她承擔了拯救王子的重任。

從依附理論視角來看，個體總會期待一位更強壯、更有智慧的人來幫助自己，這樣的他者常常由父母、治療師與愛人扮演。作為最重要的依戀對象，他們更有可能重塑與加固患者的情感紐帶，並幫助患者建立一個隨身攜帶、內化的安全基地。

在《心理治療中的依戀》中，作者提到，這種足夠好、足夠安全的依附關係，提高了情感調節的能力，也促進了個體對外界的探索。

「**它為兒童和患者提供難以估計的資源。因為它增強了自信、對他人的信任，讓他們感覺這個世界是一個安全的地方，在其中可以去愛、成長。**」

雖然不同版本的《美女與野獸》，故事細節有所出入，但推動劇情發展的都是貝兒父親對她的偏愛，在危急關頭，父親仍記得為女兒採一朵玫瑰。電影中，當村民將貝兒閱讀的興趣視為古怪癖好時，父親也會安慰貝兒：「是他們太保守，妳只是走在前面而已。」

這是現代家庭教育推崇的模範照顧者：**溫暖、包容、傾聽孩子的需求，鼓勵孩子嘗試，並提供一個安全堡壘**。研究顯示，安全型依戀孩子的養育者，給予了孩子探索世界的空間和自由，也與孩子保持著近距離，提供安全感。

當孩子走得太遠、感覺害怕時，他們知道自己身後有個溫暖、可以保護他的堡壘，孩子深信自己是被愛著的。

在愛裡長大的貝兒有著健全的人格，面對跌宕起伏，她的適應力極強，能夠堅定做出選擇，且願意承擔責任。面對其他人的妒火，她也能表現友善。

但是，安全型依戀的人不是聖母，他們也會表達痛苦。比如在故事中缺席的貝兒母親，有版本說她是死於瘟疫，也有一說是難產死亡。

在電影中，我們可以將貝兒的反應看得更仔細。面對悲慘的往事，貝兒採取「哭泣—哀悼—懷念」的悲傷過程，實現了自我療癒。相比之下，愛的泉源枯竭的王子，則被禁錮在野獸的身體裡，反芻著無盡的憂傷。

當從全新的依附視角，重新看待這一古老童話時，我們發現現代心理諮商的雛形，看到諮商師與個案如何建立諮商關係，在漫長而艱難的治療過程中，調整彼此的腳步、尋找和諧，達成諮商目標。

永遠有機會擺脫痛苦、追尋幸福

學界通常認為，讓諮商產生效果的重要因素是諮商關係，但是貝兒與野獸的開端不太樂觀。兩人都以激烈的對抗宣示態度，如果這發生在諮商室裡，恐怕後續就無從談起，個案會立刻摔門走人。

在接下來的劇情裡，貝兒深夜遇險，兩人得到重新修復關係的機會。這老套的英雄救美情節，隱喻了心理諮商的常見狀態：如同現實生活中，諮商關係不會一直保持穩定，重要的是如何修復與協調，在反覆磨合的過程中，個案的承受閾值會發生改變，一點點重建。

曾有心理學家這樣解釋：「**即便是最好的母親，平均每十九秒，就會對嬰兒做出一件錯事……破裂是關係不可避免的特質**。與避免關係出現破裂相比，更重要的是容忍、修復關係。事實上，關係的破裂與修復，調和失誤與重新協調，這一系列的變化是十分重要的互動，這些互動，會讓我們產生信心，相信我們能冰釋前嫌——從更廣義上說，就是相信終會雨過天晴。」

在建立關係與多次修復後，安全型依戀的貝兒展現出心理諮商天賦，她向野獸示範正確的飲食習慣，這太像諮商室裡的互動了。面對有人際或行為問題的個案時，諮商師會以自身為媒介，模擬與示範正確行為。

面對迴避型依戀，沃林提出，重要的是治療師自己有足夠的安全感，以表達互動中感受到的情緒，及時提出回饋。

貝兒在與野獸的交流中，實踐了這一點，她主動關注野獸的情緒與改變，比如當對方生硬卻努力的講了一句尷尬的笑話時，她立刻誇讚對方的幽默感。

看故事的我們和野獸一起笑了起來，他看上去還是不適應且羞澀，心裡卻有什麼開始鬆動了。

當兩個人一起閱讀、散步、度過日常生活時，看起來就像是一個安全型依戀的伴侶，透過溫柔、耐心的陪伴，示範了現實的安全關係——對迴避型依戀的人來說，沒有比這更重要的。他感受到前所未有的親近，不論是與自我，還是他人。

2

口誤是內心真實想法的流露

——〈青蛙王子〉

很久很久以前，有位富有的國王，他有好幾個女兒，個個都長得美麗動人。尤其是小女兒，更是惹人憐愛，深受國王的寵愛。在他們居住的宮殿附近，有一片幽暗的森林，在這片森林的深處，有一棵老椴樹，樹下有一片碧綠色的水潭，水潭很深。

天熱的時候，小公主經常來到這片森林，坐在清涼的水潭邊玩耍。當她感到無聊時，就取出一顆她很喜歡的金球，把金球拋向空中，然後再用手接住，這是她最喜愛的遊戲。

有一次，小公主手滑沒接住金球，金球掉進水潭。望著逐漸模糊的金球，小公主哭了起來，她越想越痛苦，哭聲也越來越大。哭著哭著，小公主聽見一個聲音朝著自己說話：「哎呀！尊貴的小公主，您是怎麼啦？您這樣號啕大哭，就連石頭聽了都會心疼的呀！」

聽到這句話，小公主四處張望，卻沒有看見人，她正想弄清楚說話聲是從哪傳來的時候，卻發現一隻蹲在地上的青蛙。

「噢！是你嗎？你這個綠綠的小傢伙，」小公主轉了轉眼珠說道：「我是在為那顆掉到水潭裡的金球而哭呀。你……你有什麼辦法嗎？如果你能幫我取回金球，想要什麼東西都可以！我華麗的衣服、珍貴的珠寶，甚至頭上戴著的金冠都可以給你。」

聽了這句話，青蛙對小公主說：「您的衣服、珍寶，還有金冠，我都不想要。不過，要是您喜歡我，我們就做好朋友吧！」

「好的，太好了！」小公主說：「只要你願意把我的金球撈出來，當然可以。」小公主雖然嘴上這麼說，心裡卻想：「這隻青蛙真傻，長得醜，想得倒挺美！牠只配蹲在水潭裡，與其他青蛙和魚蝦為伍，怎麼可能做我的好朋友？」

青蛙得到小公主的許諾之後，呱的一聲就潛入水潭。過了一會兒，只見一顆亮亮的金球越來越近，青蛙把它銜在口中，漸漸浮出水面，隨後爬向小公主。

小公主見到自己心愛的玩具，心裡高興極了，目不轉睛的盯著它，完全忽視了青蛙的存在。當青蛙滿懷欣喜的望著小公主，小公主卻把金球撿起來，拔腿就跑。

「等等！小公主！」青蛙大聲：「不是說好了做朋友嗎？您為什麼跑這麼快呀！」儘管青蛙大聲喊叫，卻一點用都沒有。小公主噔噔噔的離牠而去，跑回城堡，玩著心愛的金球，把可憐的青蛙忘得一乾二淨。青蛙黯然轉身，回到水潭裡。

第二天，小公主跟王公大臣一同進餐，突然聽見啪嗒啪嗒的聲音。隨著聲響，有隻綠色的動物，順著大理石臺階往上跳，到了門口時，牠一邊敲門一邊大聲嚷嚷：「小公主，快開門！我是您的好朋友。」

聽到喊叫聲，小公主急忙跑到門口，想看看是誰在門外大喊。打開門一看，原來是昨天那隻青蛙。小公主見是青蛙，心裡一驚，猛然把門關上，轉身回到座位上。她心裡害怕極了，不知如何是好。

國王發現小公主眼神躲閃，一副心慌意亂的樣子，就問她：「孩子，妳怎麼會嚇成這個樣子？該不是門外有壞人要把妳抓走吧？」

「啊！不是的，」小公主回答：「不是什麼壞人，而是一隻討厭的青蛙。」

「青蛙呀，那怕什麼？」國王聽了小公主的陳述後說：「這可是妳的不對，我們不能做人言而無信，快去開門，讓妳的朋友進來。」

小公主不情不願、扭扭捏捏的把門打開，青蛙蹦蹦跳跳進了門。就在這時，青蛙抬起牠可憐巴巴的圓眼睛懇求：「求求您了，親愛的小公主，我其實不是一隻青蛙，只有您的吻能夠破除邪惡的女巫施在我身上的詛咒。」

美麗的小公主意識到自己的錯誤，也被牠的誠懇打動，她彎下腰，捧起這隻滑溜溜的青蛙，親吻了牠。突然間，青蛙身上的咒語解除，變成一位有著迷人雙眼的王子。看到這位王子，小公主由衷的喜歡。後來，小公主與青蛙王子結了婚，幸福的生活在一起。

〈青蛙王子〉（*Der Froschkönig oder der eiserne Heinrich*）提供讀者《格林童話》的故事模式，即王子或公主受難，然後出現一個善良的人為他／她解開咒語，還他／她自由，從此過上幸福的生活。

青蛙是兩棲動物，可以在水裡，也可以在陸上生活。水經常被視為潛意識的象徵，剛開始接受心理諮商的人，經常會夢到水，比如：夢見自己跳進水裡游泳、一陣一陣的波浪在眼前湧現，或者水漫過全身，這預示潛意識正在被推擠，往意識靠近。

青蛙的腳掌有點像小孩的腳，可以將其理解成人類意識尚未發展完成的狀態。在胚胎的發育過程中，其實是快速的完成了人類的演化過程，其中就包含從「水裡」到「陸地」的階段。

青蛙也有邪惡的含意，或是代表從潛意識裡冒出來的某樣東西。作為兩棲動物，青蛙代表可以在兩種狀態間來去自如的傳信者，如同通信官，所以在童話裡，牠扮演了撿金球或報信的角色。

在〈青蛙王子〉中，這個報信者變成了主角，也就是王子（理想男性）的前一個階段——幼稚、醜陋的青蛙。所以，**〈青蛙王子〉並非甜蜜的愛情故事，而是一個男孩變為男人的成長故事**。大多時候，童話裡的公主都會在外尋找王子。這個故事則相反，講述了王子的前身——青蛙（幼稚、衝動的男孩），必須得到公主的吻（理想異性承認及授權），才能成為王子。

還有一種理解，公主與王子的結合，指的是原本處於潛意識、跟隨群體價值生存的女性，在內在發展的過程中，找到屬於自己的決斷力和行動力（阿尼姆斯）。一旦內在的陽性能量成長，王子也就出現了。從這個角度看，這也是一個女孩成長成女人的故事。

那麼，還有幾個有趣的問題，比如：為什麼英俊的王子會被施咒，變成了醜陋的青蛙？經常出現在童話故事中的金球、金碗代表什麼？為什麼青蛙要得到公主的吻，才能成為王子？

堅守理想、相信自律

〈青蛙王子〉中英俊的王子被巫婆施了咒語，變成醜陋的青蛙，在深深的水潭中生活。與以往錦衣玉食的生活相比，深水潭裡的生活形容為「地獄」也不為過。但縱使王子遭受許多苦難，故事始終沒有提到王子受到詛咒的原因。

在此，我們也許可以認為這是西方宗教中的「原罪」意識，在文學創作中的反映。王子一生下來就有罪，於是巫婆罰他離開王宮這個伊甸園，到深水潭所代表的人間受苦。

原罪包括暴食、貪婪、懶惰、淫欲、嫉妒、暴怒、傲慢，它是基督教中重要的教義之一，是基督教神學理論的重要概念。根據《創世紀》（*Book of Genesis*）的記載，亞當和夏娃受到蛇的誘惑，違背上帝的禁令，偷吃伊甸園的蘋果，因而犯了罪。

根據基督教神學，亞當和夏娃是人類的始祖，而這一罪過經由亞當和夏娃，傳給了後代，成為人類一切罪惡和災難的根源，故稱原罪。因此，也引申出了人生而有罪、人性本惡、人生就是贖罪的概念。

按照這個角度出發，有原罪的王子自然不能以光鮮亮麗的形象出現，但只有原罪是不夠的，人也要有救贖的機會。

在基督教的思想體系中，「惡」來源於人的原始基因，並且人無法消除這份惡，只有透過信仰，才能潔淨靈魂，得到上帝的救贖，從而達到「善」。

基督教認為，人在自由意志的驅使下觸犯了上帝的禁忌，這種罪是人終其一生都無法擺脫的，只有死亡可以使其消解。

上帝為了解救人類，讓他的獨子耶穌來到人間，替人類遭受懲罰，將人們從罪惡與死亡的束縛中解脫。

這是上帝出於慈愛與正義送給人類的禮物，但並不是所有人都能得到，只有虔誠信仰上帝的人，才能得到這份恩賜。只有全身、全心全意信仰上帝的人，上帝才會把他置於保護之下，使其脫離罪惡，這體現了人與神之間的一種契約關係。

在西方文化中，契約精神一直是一種非常重要的觀念。從上述基督教的救贖方法，反觀〈青蛙王子〉中王子被公主救助的過程，可以看出：王子受詛咒變成青蛙，就是原罪的體現。

王子處於一種對自我處境無能為力的狀態，他只能相信會有一個公主來拯救自己，也就是只能尋求救贖。終於，公主的金球落到了深水潭，王子的守望得到回應。

在這個童話故事中，青蛙看重公主和自己的約定，也就是看重契約精神，只有誠實守信的人，才能獲得完美的結果。王子的堅守象徵著對神的忠誠信仰，對契約精神的重視。從這個角度來看青少年的成長過程就會發現，他們有很多「罪」，被人嘲笑、譏諷、忽視是常有的事，因為他們還沒有變成「大人」，在別人眼中他們就像醜陋的青蛙。

但是這個時候不能自怨自艾，有些青少年總是覺得自己不配、不值得擁有美好的未來，其實不然。**相信並堅守自己的理想、相信自律會帶來自由、相信自己可以變得更好，不久的將來就會發現，有位公主或王子在等待自己。**

看似不慎的言行，正是潛意識的流露

黃金很珍貴，象徵永恆、美好。金球在眾多宗教裡，都是神或自性的象徵，這個意象經常出現在傳說或神話裡。

如果有人夢到一顆金球，他可能會聯想到最近在生活中出現的類似東西，或者，回憶與這顆金球有關的經驗。除了聯想自身經驗，還可以採用「擴大法」理解金球的意義。

金色的球跨越了特定文化的門檻，出現在各種不同的文化中，不管是在佛教、基督教這樣嚴謹的宗教裡，還是在非洲原始部落的祭典上，金球都有著重要的意義。原因和太陽有關，每個人抬起頭，都能看見太陽那道道金光。它是永恆、美好的象徵，代表生命的圓滿和真我。

這樣的擴大無關個人生命經驗，而是人類群體的心靈。當代表了群體心靈的象徵出現時，我們的夢境就不再只是個人純粹的心靈訊息，有可能還是承載原型的夢。

我們來分析一下〈青蛙王子〉中有關金球的段落，以此來一窺金球或黃金製品在童話中的意義：

國王的宮殿附近有一片幽暗的森林，在這片森林的一棵老椴樹下，有一片水潭，水潭很深。

天熱的時候，小公主經常來到這片森林，坐在清涼的水潭邊。當她感到無聊的時候，就取出一顆金球，把金球拋向空中，然後再用手接住，這是她最喜愛的遊戲。

其實，幽暗的森林指公主的潛意識。她的潛意識中有這幾個重要的意象：老椴樹代表的是長久、古老的生命，它可以給公主依靠，讓公主獲得力量和慰藉。從這裡可以隱約看出，公主在潛意識中依靠老椴樹，已經開始成長，但她還沒有足夠的力量。

「天熱」代表她遇到了煩惱或想逃避的事情；「坐在清涼的水潭邊」，其中有一個重要的意象：水潭。水是生命之源，也代表著生命的力量。和老榕樹相比，更具有生命力，但同時也更危險。因為**人在接近之前從未獲得的力量時，第一反應往往是恐懼、不敢相信**。

「把金球拋向空中，然後再用手接住。」代表公主還沒有足夠的力量，但是透過玩耍，也就是介於想像和現實之間的過渡狀態，讓自性試著和生命之源進行連結，以獲得古老的力量，讓自己成長。所以，當你再看到小孩子玩「扮家家酒」，不要以為這只是個遊戲，裡面蘊含著他們婚後的生活模式，其他遊戲也有類似的道理。

精神分析派認為，人的思想和行為主要由潛意識控制，有著特殊規律，而這個規律很早就開始建立。「三歲看大，七歲看老」正是這個意思。以投射性遊戲為例：

1. 有經驗的老師從孩子的字、繪畫，就可以看出哪些孩子認真學習，哪些沒有。
2. 在扔沙包、踢足球等遊戲中，如果有孩子總是占便宜、賴皮，那麼在日常生活中，他不大可能是個誠實守信的孩子，反之亦然。
3. 專業的心靈投射遊戲如沙盤、屋樹人（House-Tree-Person，屬於心理投射測驗，透過受試者的繪畫，分析他們的潛意識、內在情感和個人動機）等，可以透過這些遊戲了解孩子的心靈狀態。

金球掉進水潭，代表自性已經和生命進行了連結，這時，人的第一反應是恐懼，其次就是容易迷失自我。就像中樂透後大肆揮霍一樣，這些錢並不能讓自己的生活獲得長久的改變。

失手讓金球掉進水潭，也暗含了一個重要的精神分析概念，那就是佛洛伊德早期提出的「口誤、筆誤、手誤」等看似不慎的言行，其實正是潛意識的流露。

即使本人沒有意識到，失誤及相關現象是個人帶有目的、意圖的行為。換言之，這是潛意識的指引，「口誤是內心真實想法的流露」。在這裡，就說明公主的內心，想產生連結卻又感到害怕。

追求愛情，是完整自己

前文提過，看似講述愛情的童話故事，其實也可以理解為，人類在追尋自我完整的路途上，是以追求愛情為精神象徵的。所以打開電視，我們總有看不完的愛情劇、唱不完的情歌，人類永遠不會停止歌頌愛情。

榮格認為，心靈即是能量，在許多重要的心理原型所代表的能量形態中，阿尼瑪與阿尼姆斯無疑是最重要的。阿尼瑪代表男性內在的陰性能量；阿尼姆斯則代表女性內在的陽性能量。愛情是啟動我們阿尼瑪或阿尼姆斯的一種方式，可以讓我們感知到內心能量的存在，體會到可以為之生、為之死的滋味。

當我們對某個對象產生情愫時，這個對象就變成了阿尼瑪或阿尼姆斯能量的攜帶者，或者這個對象代表了我們內心很認可、欣賞的某種特質，可以激發我們內心想要尋求完整的渴望。

對於男性藝術家來說，引導自己成為真實而完整的人或能量，常常被稱作繆斯（muse），這種能量會以女神的形象現身。如果沒有現身，廣義的說，男性就不夠完整、不夠成熟，就像被人嫌棄的「青蛙」。

這裡就需要引出另一個重要的心理學概念：賦權。我們有些身分，是由重要的客觀個體賦予的。如父母或子女、男友或女友、丈夫或妻子、老師或學生、主管或部屬等。因此，對於青春期的男性來說，男友的身分具有很大的吸引力，因為這涉及成長和新的身分認同（也就是青蛙變王子的過程）。

但是，男友的身分沒辦法自我賦予，需要一個理想的對象——她就像公主一樣美麗大方、優雅富足，明確關係的儀式就是浪漫的吻。這種對新身分的認同必須讓「青蛙」對現有身分不滿或厭惡，覺得自己身無所長、意氣用事、一無所有等。這些描述是不是就像我們腦海中「青蛙」的意象？

因此在童話中，吻的意義就相當重要，無論是〈青蛙王子〉中公主的吻，讓青蛙變成王子，還是《白雪公主》中王子親吻公主，讓公主醒過來，這都是自性結合的重要時刻，能夠有起死回生、改天換地的作用。

如果「青蛙」以愛情的形式向外追求女性，這個過程就是在完整自己，對女性而言也是如此。**我們對於愛情和關係的渴望與追求，就是在朝向完整自己、獲得新身分認同的方向走去。**

3

你心中想什麼，就會吸引什麼

——《田螺姑娘》

東晉時，侯官縣有個叫謝端的男孩，不幸父母雙亡，被鄰居收養長大。謝端待人恭敬謹慎，做事遵循操守，從不做不合禮法的事情。他十七、八歲時開始獨立生活，鄰居看他還沒有娶妻，很同情他，想幫他辦婚禮，但因為他實在太過貧窮，最終沒有成功。

就這樣，謝端每天晚睡早起、耕田勞作，過著簡單的日子。直到有天，他在村外撿到一隻大田螺，竟然有三公升的水壺那麼大，這讓他感到很奇異，便拿回家放在甕中餵養。

十多天後，他耕地回家，發現家裡竟然有準備好的飯菜和酒水，他以為是鄰居在照顧他。接連幾天都是這樣，他便去感謝鄰居。鄰居卻笑著說：「你悄悄娶了妻子藏在家中，為你生火做飯，怎麼反而說是我們為你做的飯？」

謝端聽了之後感到十分困惑。後來，他在雞鳴時起床出門，天一亮便悄悄回來，在籬笆外面偷看自己家中。只見一名少女從甕中走出來，到灶臺開始生火做飯，謝端馬上進入家門走到甕前，卻看到甕中的田螺只剩下一個空殼。

他來到灶臺前問少女：「妳從哪裡來，為何要幫我做飯？」

少女嚇了一跳，想要回到甕中卻回不去，便回答說：「我是天河之中的白水素女。天帝看你待人恭敬謹慎、自守禮節卻年少孤單，所以派我來為你燒水煮飯、料理家務。在十年之內使你身居富貴、娶得妻子，我便回去。今天你偷偷看到了我的容貌，我便不適合再留下來了，只能捨你而去。我會留下螺殼給你儲藏糧食，它能使米生息不盡，讓你不愁吃穿。以後只要你繼續辛勤耕田、捕魚採集，生活會一天天好起來的。」

謝端聽後急忙懇請少女留下來，但她始終不答應。忽然，天空風雨大作，那少女隨之飄然離去。

少女離開後，謝端為這位白水素女立了神位，一年四季祭祀她。後來，他的生活雖然沒有達到大富的程度，卻也豐衣足食。很快，就有人把女兒嫁給他為妻。

再後來，謝端還當上了縣令。據說，現在的素女祠就是用來祭祀白水素女的，不過老百姓更習慣稱這位少女為田螺姑娘。

《田螺姑娘》（又稱《螺女》）是中國民間故事，民間故事往往源自老百姓的集體創作，也是群體心理投射。在口頭流傳的過程中，這樣的故事經常有內容上的增減，會隨著時代、地區以及各區域民族特色而發生變化。

《田螺姑娘》甚至還被流傳到韓國和日本，可見這個故事很貼合東方文化。田螺姑娘的故事在各個時代典籍中都有相關記載，其中最著名的是陶潛（即陶淵明）《搜神後記》中的〈白水素女〉，上文正是出自《搜神後記》。

《田螺姑娘》在早期流傳過程中，呈現的常常是不完美的結局，包括《搜神後記》的記載，都是田螺姑娘離開，留下許多遺憾。

在後來的傳說中，故事出現了圓滿結局，田螺姑娘和青年結為夫妻，從此幸福生活在一起。渴望圓滿和幸福，是老百姓的一大心願。但是，東方人又深知無常的意義，所以具有悲劇色彩的版本，反而更容易被我們記住。

即使帶有悲劇色彩，《田螺姑娘》整體的故事還是帶給老百姓許多正面意義，它反映人民善良樸實的性格、對美好生活的嚮往，田螺姑娘在心靈上帶給了人們希望。

田螺姑娘的故事道出了中國老百姓哪些幻想？這些幻想背後又有著怎樣的缺憾？以及面對缺憾，老百姓是怎麼實現自我療癒的？

被母親的憂鬱吞噬的孩子

顯而易見，田螺姑娘的形象，特別符合舊時代男性心中理想妻子的模樣：安靜、溫柔、勤勞、質樸、不求回報的付出。而且，她還如同強大的母親一般，提供取之不盡的食物，讓人擁有安全感。

謝端待人恭敬謹慎，做事遵循操守，可以說是一個很懂事的兒子，這樣的兒子是被父親喜愛的。天帝猶如一位強大的父親，為懂事的兒子安排了一位理想的女人來照顧他。而這個女人的身分是妻子還是母親，給人很多的想像空間。

《搜神後記》裡記載的田螺姑娘，在被識破身分後選擇離開，並把代表希望的螺殼留給謝端，讓他從依賴走向獨立，這更像是一位慈母的形象。母親是無法與兒子結婚生子的，所以當幻想走進現實，她只能選擇離開。

在另一個版本的傳說中，田螺姑娘最終與謝端結婚生子，這裡人們顯然更認同田螺姑娘妻子的身分。奇妙的是，**《田螺姑娘》的兩個版本恰恰呼應了舊時代女人在婚姻中承擔的兩種身分：一方面要如母親照顧兒子般照顧丈夫，一方面又要以妻子的身分，為丈夫傳宗接代。**

其實，田螺姑娘滿足的不僅是男人對女人的幻想，更滿足了孩子對母親的幻想。謝端是孤兒，他既代表現實中的孤兒，也代表心理上的孤兒。

在中國的童話或神話故事中，有許多與謝端出身相似的主角，比如自幼父母雙亡的許仙和牛郎、削肉還母的哪吒，以及由仙石孕育而生的孫悟空。

童話和神話故事源自人們的心理投射，為什麼大家會投射出孤兒的形象呢？

「非禮無以辨君臣、上下、長幼之位也，非禮無以別男女、父子、兄弟之親，昏姻疏數之交也。」儒家文化非常注重禮節，這些禮節涉及各種方面，不僅使君臣有尊卑之分，也使家人在地位上有了高低之分。

父親作為一家之主，如君主般擁有最高權力，而母親在家中的地位則被弱化許多。子女在禮節和孝道的雙重約束下，地位就更低了。

民間故事作為老百姓的群體心理投射，其中有很多象徵意義。在《田螺姑娘》的故事中，天帝象徵著擁有最高權力的父親；象徵母親的白水素女只能聽從天帝的安排；謝端作為子女的象徵，地位和權力顯然是最低的。

當**家人之間的地位有別時**，**無法自由平等的交流**，更難以打開心扉。家人之間的相處模式很容易變得過於理性化，日常交流也只能談事情，不能談感受，在心理上有很強的疏離感。

這樣的家庭環境，很難讓孩子與父母建立起良好的依附關係，甚至讓許多孩子在心理上成了孤兒。

而且，**推崇男主外、女主內的家庭結構，讓父親如天帝在雲端般遙遠**，遙遠的父親志在四方，很少給予兒女陪伴，**這就讓無數母親飽嘗「喪偶式育兒」的痛苦**。

無論承受了什麼，在男尊女卑，以及沒有情感交流的家庭氛圍中，母親只能獨自吞咽痛苦，久而久之，很多母親會陷入憂鬱情緒，卻無法被自己和家人察覺。

我在接受中美精神分析培訓期間，從一位希臘精神分析講師口中第一次聽說「死亡母親綜合症」的概念。這個概念主要探討，母親在一段特定的時間內、情緒不穩時對孩子的影響。當母親處於情感缺失的狀態時，不但無法給予孩子情感上的回應，還會在潛意識中，或多或少希望孩子根本不存在。

後來，我在諮商工作中留意到，很多個案的母親都有「死亡母親綜合症」的影子，讓我不禁感慨，習慣隱忍的東方女性，內在究竟隱藏了多少憂鬱情緒啊！

「死亡」的母親是沒有自我意識的，所以她們非但沒有讓孩子發展自我意識的功能，還會吞噬孩子的自我意識。這時，孩子的死亡恐懼會被激發，相應的，孩子的求生欲也是。為了「活下來」，勇敢的孩子會在心理上切斷與母親的連結，與母親盡量保持安全的距離。

這裡說的「活下來」，是指孩子的自我意識在面對即將「被吞噬」時，是渴望活下來的。**自我意識也有自主性，有生存焦慮**。而那些無法保全自我意識的孩子，只能被母親「吞噬」，最終徹底失去自我，成為母親的工具人。

這時，母親可能因為終於成了主人，終於擁有控制權而「活過來」，但孩子卻已經「死了」。

無論孩子的自我意識最終是死了，還是活了下來，他們的內心都無法體驗到，擁有一個真正愛他的母親的感覺。這時，他們對好媽媽的期待只能透過幻想來補足了。

滿足男性期待與幻想的女主角

田螺姑娘幾乎完美契合了理想母親的原型。為什麼是田螺姑娘，而不是鯉魚姑娘或番茄姑娘？田螺身上有很多母性特質，是其他生物不能替代的。

首先，田螺自帶容器。螺殼就像房子一樣堅硬，作為容器，螺殼本身還具有承載與涵容的特質：具體的容器可以承載食物，象徵容器可以承載希望。

即使田螺姑娘離開了，只要螺殼還在，糧食就有希望被「生產」出來；其次，田螺來自河流。人類在喝母乳之前，由羊水提供營養，對水的記憶、潛意識深處與水的情感連結，可以說深入骨髓；最後，田螺很好吃。

母親會滿足孩子們的口欲，而田螺很好吃。孩子在母親的子宮裡，會吃母親體內的營養，出生後喝母親身體產出的母乳，即便長大了也希望母親可以安排好自己的一日三餐。

佛洛伊德曾提出「口腔期」的概念，指的是**零到十八個月大的嬰兒，會透過口腔來獲得欲望的滿足**。口腔期未被充分滿足的嬰兒，長大後的心理能量，很有可能留在口腔期。多數情況下，會表現為對食物過度熱衷，也有少部分人會透過禁食來控制自己對食物的渴望。

前文提到，傳統的家庭結構可能會讓孩子很難在情感上獲得回應，可想而知，很多孩子在口腔期都難以獲得充分的滿足。華人如此熱衷於美食，也是一種自我照顧和補償。

我們理所當然的認為，田螺姑娘是神仙，失去一個殼算什麼。但這只是我們對她的想像，真相只有田螺姑娘自己知道，但有誰會想去問她呢？這也隱喻了孩子對母親的理想想像。從小，我們都會自動的認為母親很強大，甚至無所不能，卻很少關注母親強大的背後付出怎樣的辛勞、忍受多少委屈，更無法看見母親真實的情感。

雖然這個故事以「田螺姑娘」命名並廣為傳頌，乍看之下是在講述田螺姑娘的故事，但當我們讀完故事，才發現這是在描述男人的期待，「孤兒」們的幻想。田螺姑娘不過是一個背景，**她的特質都是基於滿足他人的需求而存在**，她的出現也是出於天帝的命令，沒有人問她是否願意。

如田螺姑娘一般，很多女性常常把丈夫和孩子放在首位，忽視自己。好在當代社會，這種情況在逐步改善。我出生於一九八〇年代，我們這一代的母親身上，還有很多田螺姑娘的影子，而當我看向同齡人，或一九九〇年代後出生的女性，發現她們不會輕易作為任何人的影子而活，而是能為自己而活。

什麼都沒有時，就幻想

說起幻想，可能會給人不切實際的感覺。其實，正如吸引力法則所闡釋，當我們心中想什麼，往往就會吸引什麼。適度的幻想會帶給人療癒力量和希望。

田螺姑娘留下的螺殼便是希望的象徵，謝端也代表了中國古代，眾多受貧窮困擾的農民。當時，靠天吃飯的老百姓，對今年能不能吃飽這個問題是不確定的，老百姓的心理狀態經常被推到生存焦慮邊緣，這會引發深層次的死亡焦慮，讓人處在原始的恐慌之中。

在古代，農民除了種田，很少有改變命運的機會。當**什麼辦法都沒有的時候，只能靠幻想餵養自己**。好在我們的祖先腳踏實地，即使是幻想也不會完全脫離現實。

清咸豐年間的《順德縣誌》記載：「八月望日，尚芋食螺。」很多廣東人認為，在農曆八月十五日吃田螺會使眼睛明如秋月，認為田螺的肥美寓意著美好，更認為剝殼食肉等同於「食心（新）轉運」，可去邪氣、晦氣。「螺」字與粵語「羅」字同音，田螺即「向田羅食」。俗話說：「無得食，問田螺（羅）。」中秋吃田螺，還有豐收之意。

其實，並不是象徵希望的田螺姑娘來到了老百姓的世界，而是老百姓邀請了她。面對坎坷的生活，普通百姓也希望能獲得一些神力。像這樣具有神力的田螺姑娘出現，會激發凡人內在的神性，讓凡人敢想敢做，敢於突破自己的身分，這也促成孤兒出身的謝端，最終走上仕途。

謝端絕不可能會遇見一位天帝派來的田螺姑娘照顧他的飲食，這只是他一廂情願的幻想，但這個幻想讓他看到，自己身為孤兒，不但沒有被天帝遺忘，還被天帝特別眷顧。在這份眷顧中，謝端相信，無論現在多苦，自己將來肯定是有希望娶到這麼好的女孩，如果是這樣，以後的日子肯定會越過越好。

雖然我們在前文指出，傳統家庭結構，帶給孩子許多消極影響，但其實這樣的家庭結構也有積極的層面。

對於孩子來說，擁有至高權力的父親可能如神一般強大，在情感上，擁有一個厲害的爸爸，會讓孩子也認為自己很厲害，能激發孩子內在的心理能量，獲得充足的精神力量。

當知道自己被天帝關心著，謝端就接收到了強大的父性力量，讓他更加有鬥志、努力幹活。漸漸的，家裡的糧食總是滿的。這更點燃了他對生活的熱情，他開始祭祀神女，以表達自己對生活的感恩之情，同時獲得精神上的支持。這一切，最終讓他走向豐衣足食的生活，也終於娶到妻子。

當原始的生存焦慮被安撫後，真的有一個女人願意照顧他起居時，謝端內在的勇氣開始甦醒，想追求更大的夢想。於是，他發憤圖強，突破階級。

這一路走來，多虧象徵父親的天帝和具有母性特質的田螺姑娘，出現在他的心靈世界，給了他強而有力的心靈支持。

我們的祖先在心理上可能是孤兒，他們除了靠天吃飯別無選擇，即使他們缺乏科學理性的知識，但他們靠著質樸的積極幻想，最終建立起自己的信仰，透過祭祀或燒香拜佛，他們與天地連結、與祖先連結，與他們心中的父母、內在的信念和愛連結，讓他們度過了一段又一段艱難的時光。

當然，**積極的幻想也源於現實的支持**。儘管謝端自幼父母雙亡，但好心的鄰居養育了他，這讓他一開始便受到人世間的愛，正是這份愛給了他積極幻想的基礎。

如同許多中國老百姓一樣，謝端擁有一顆感恩的心，正如他回報白衣素女，相信他也會讓愛繼續傳遞下去。

4

怕被毀滅，先摧毀對方

——《白蛇傳》

南宋時，自幼父母雙亡的許宣住在姊夫李募事家中，為表叔李將仕的生藥鋪工作。

二十二歲那年的清明節，他到保俶（音同觸）塔寺燒香祭祖，在回家的路上遇到大雨，便改乘船回家。在船上，他與美若天仙的白娘子相識。白娘子告訴他，自己的丈夫不幸去世，今日清明節來掃墓。

下船後，許宣在路上借了一把傘，在後市街口又遇到了白娘子，便把傘借給她。許宣冒雨回家，當晚便夢見白娘子，兩人在夢中情深意濃。後來，他去白娘子家取傘時，白娘子邀請他喝茶飲酒，並表明自己對他一見鍾情，有意與他結為夫妻。

為了讓許宣有銀兩請媒人提親，白娘子讓丫鬟青青拿出五十兩銀子。結果，這銀子卻被發現，是邵太尉庫內前幾日所丟失的，許宣因此第一次吃上官司，被發配到蘇州府牢城營做工。

在姊夫的打點下，許宣到蘇州後被保釋，並住在王主人家。半年後，白娘子前來找許宣。最初，許宣怕她是鬼怪不敢讓她入門，白娘子急忙解釋。

王主人家讓白娘子留宿幾日，王主人的媽媽撮合了許宣與白娘子，白娘子拿出銀兩，麻煩王主人辦喜宴，讓兩人拜堂成親。入洞房後兩人親密得如魚似水，從早到晚快樂纏綿。

有一天，許宣到承天寺看臥佛，在寺前遇到一位道士，說許宣被妖怪纏身，並給了他除妖的符。許宣拿了符回家，照道士所說給白娘子用符。白娘子破了道士的符，暫時打消許宣懷疑的念頭。

後來，許宣又到承天寺參加佛會，白娘子讓他穿上一件華麗的衣服，結果到了承天寺後，身上的衣服被指認是周將仕家所丟失的。為此，許宣吃了第二次官司，被發配到鎮江府牢城營做工。

許宣到鎮江後，投奔了姊夫的結拜叔叔李員外李克用家，並在這位員外的生藥鋪當起主管。不久，白娘子又來找他，許宣罵她是妖精，害了自己，白娘子又賠笑解釋，兩人再次和好如初。

有一天，李員外見到貌美的白娘子，起了色心，想與她共宿一宵，結果卻被一條大白蛇嚇暈。白娘子怕李員外說出她是白蛇的真相，拿錢給許宣，讓他離開李員外的店，另外經營一間藥鋪。

有一天，許宣到金山寺給龍王燒香，白娘子和青青乘船來接他，卻撞見法海禪師，兩人連忙逃進水中。法海禪師告訴許宣白娘子是妖怪，勸他回到杭州。

許宣回到杭州姐夫李慕事家，看見白娘子和青青已經在這裡等他兩天，他嚇壞了，對白娘子說：「不知妳是何神何鬼，饒了我的性命吧！」白娘子看許宣這樣，便說氣話：「你若對我生了外心，我就讓滿城都死於非命。」嚇得許宣不敢再說什麼。

當晚，李募事在房內看見一條大蛇，證實了白娘子的妖怪身分，便請專門捉蛇的戴先生捉蛇，結果戴先生根本不是白娘子的對手。

許宣鬱悶不已，有天路過淨慈寺，想找法海禪師幫忙，卻發現法海禪師不在，他自言自語：「時衰鬼弄人，我要性命何用？」說完便要跳湖自殺。

這時，法海禪師突然出現，給了他一個缽盂，要他把白娘子罩住。許宣回家後照做，真的把白娘子罩住了，接著法海禪師出現作法，白娘子現出白蛇原形、青青現出青魚原形。現出原形的白蛇昂頭看著許宣，卻再也沒有能力與他交流。法海將白蛇和青魚放進缽盂，並將缽盂鎮在雷峰塔下。

以上改編自明末《警世通言》第二十八卷〈白娘子永鎮雷峰塔〉，這個故事也是

《白蛇傳》的前身，它的原型來自唐人谷神子《博異志》中的〈李黃〉、〈李琯〉。李黃和李琯都因受到蛇精的誘惑，最終慘死。

〈白娘子永鎮雷峰塔〉作為這兩則故事的延續，主題也是戒掉色欲。在這之後的《白蛇傳》版本中，白娘子的形象漸漸被美化。乾隆三十六年（一七七一年），方成培版本的《雷峰塔》中，白娘子被塑造為一心助夫、持家有道的賢妻良母。

一九九〇年代的電視劇《新白娘子傳奇》中，白娘子更是美貌出眾、端莊大方、善解人意，並有義診百姓的大愛精神，但白娘子身上鮮活的性吸引力幾乎被抹去了。後來，白娘子被壓在雷峰塔下，許仙（許宣在後來的版本中，改名為許仙）也出家修行，就此戒了情欲。

總之，不管故事怎麼改，依然離不開戒掉情欲的主題。

後來，中國作家李碧華創作的《青蛇》，一反儒家禁欲主義，將情欲置於重要位置。徐克導演將《青蛇》搬上大銀幕，讓我們看到直面情欲的白蛇，大放異彩的人格魅力。但令人痛心的是，她依然是那個為情失去自我的女人，即使所愛之人是負心郎，她也捨命投入。

在粵劇《白蛇傳・情》中，白娘子終於喚醒了許仙的情，甚至感動了法海，讓法海產生同情，堪稱療癒之作。

百年來，《白蛇傳》版本的變化，也讓人看到世人對於情與欲，從一開始的絕對禁止到逐漸接納。但〈白娘子永鎮雷峰塔〉這個古老的版本，今天讀來依然回味無窮，能帶給我們許多啟示。

怕被毀滅，先摧毀對方

白娘子和許宣的結合被歸為異類婚戀，異類意味兩人有著巨大的差距。人妖結合，觸犯了天條，註定會遭天譴。這樣的親密關係，一開始便要承受可怕的詛咒。在神話故事中，確實存在天條，也存在來自神的懲罰，那麼現實生活中的天條來自哪裡？

首先，來自社會偏見。不管白娘子有害無害，只因為她是妖，就直接被社會定義為有害，被認為需要消滅，所有想消滅她的人都成了正義的化身。

這個社會偏見固執且威力十足，當事人也彷彿被催眠般的認同——至少許宣是認同的。白娘子又何嘗不是呢？所以她一開始，就不斷以欺騙的方式與許宣在一起。當親密關係中的謊言被拆穿，往往如暴雷一般，會摧毀一片祥和。

《白蛇傳》被改寫了那麼多版本，竟沒有任何一個版本是白娘子在一開始，便向心上人坦白真實身分，我們似乎默認這是萬萬說不得的，否則就不會有後面的故事。

佛洛伊德將人格結構分成三個層次：本我、自我、超我。本我代表先天本能，是由欲望組成的能量系統，包括各種生理需求；自我位於人格結構的中間，它一方面調節本我，一方面又受制於超我，遵循現實原則；超我則是由社會規範、倫理道德、價值觀念內化而來的，追求完善的境界。

群體形成的社會偏見，很容易演變為道德倫理標準，構成人們心中的超我，為了維護心中的完美境界，超我像嚴苛的判官，會懲罰越界行為。**超我的懲罰是內心的懲罰，是會發生在幻想中的懲罰，而幻想在潛意識的作用下，往往會成為現實**。

但是，人們不知道心中這個為自己製造災難的運作機制，只覺得一旦越界，就會遭遇倒楣的事，這個機制顯得很神祕。而為了應對這種情況，人們往往也會試圖解釋它發生的原因，這時，迷信就產生了。

中國古代乃至今天的民間，一直流傳著剋夫的說法。根據這個說法，白娘子的前夫死了，現任丈夫和她在一起後，接連吃上官司，那她肯定是位剋夫女。

女人為何會剋夫？這裡面讓人覺得有種神祕力量在操控一切，不是自己所能掌控的。所以古代的男人在娶妻時，常常會找算命師看生辰八字；或者找到民間巫師，判斷對方是剋夫還是旺夫。

除了剋夫外，也有旺夫的研究，卻很少聽說剋妻或旺妻。正如五行相生相剋，在中國古老的智慧中，認為萬事萬物相生相剋，「相」意味著相互，所以就算是剋，也是相剋。但民間只將「剋」放在女性身上。

除了兩人相剋，還有一種「剋」不容忽視，那就是心中對自己的「剋」，比如：來自心中超我的懲罰，帶來被迫害的焦慮。當男人享受色欲，便會陷入惶恐，總覺得自己會受到來自外界的懲罰，甚至迫害。這其實是人心中嚴厲的超我在自我警告，而將這一切都投射到外面。

心中的世界對外面的世界有著潛移默化的影響，所以人在潛意識中會做出一些行為，「勾引」外在的世界懲罰或迫害自己，這會讓人在現實生活中莫名陷入焦慮。

可悲的是，男人往往看不清，自己心中的懲罰機制是如何帶給自己厄運，卻單方面認為，喚起自己色欲的女人如妖怪般恐怖。

因此，**男人擔心自己被女人毀滅，先發制人，摧毀對方**。

這就是白娘子的悲劇，她並不想傷害任何人，只是單純的想和心上人踏踏實實過日子，最終卻被心上人親手毀滅。

現出原形的白娘子昂頭看著許宣，那時的她是否看清，自己對許宣而言只存在欲望，而不存在任何愛，甚至連夫妻之情都沒有。

社會偏見或道德標準是強大的超我，白娘子則映照許宣心中的本我。而**許宣調節超我與本我的能力不足，導致他經常在超我與本我之間搖擺，哪個對自己有利或誘惑較大，就傾向於何者。**

相對許宣而言，**白娘子更認同本我，她敢於面對欲望、追求心上人。**超我經常想懲戒本我，但代表本我的白娘子，只是在單純的享受本我，無意傷害任何人。儘管無意，但被釋放的本我，還是會不自覺的傷害到他人。

如果白娘子願意面對超我，她就不會輕易偷竊，也就不會讓許宣陷入官司問題。所以，除了社會偏見，更大的問題恐怕源於這對夫婦還不夠成熟的心靈世界，以至於他們之間看似相剋。

潛意識會讓人產生心靈感應

這對夫婦心中都有不成熟的地方，我們可以稱之為他們心靈世界的陰影。

陰影是榮格提出的概念，他一再強調「**所有人都有陰影，一切有實質重要性的事物都會投下陰影**」。然而，陰影是負面的，人人都想將其隱藏。因為它往往包含人性中低劣、原始、罪惡的一面，不但會被個體拒絕，也會被群體拒之門外。

白娘子遇到許宣之後，便進入「戀愛腦」的狀態。她主動求愛，如飛蛾撲火般，多次想挽回許宣。在她的「戀愛腦」行為下，有著什麼樣的心靈陰影呢？

儘管白娘子有千年修行、傾城的美貌、高人一等的法力，但她在許宣面前，還是如塵埃般卑微。

面對可怕的社會偏見，出身不好的白娘子感到自卑；面對普世價值觀，作為妖，白娘子在成長過程中比別人背負更多羞恥，也承受更多死亡焦慮。這世上想除掉她的道士和禪師太多了，她難免活得戰戰兢兢。

因此，白娘子很難認同自己的身分，甚至想擺脫妖的軀體，成為人類。而和許宣結合，正是她成為人的一個管道。或許在她的幻想裡，如果真的能成為人，一切就完美了。

和許宣的結合似乎讓她過上人的生活，但她未曾料想，人性的陰影深不可測。蛇是冷血動物，無情且狠毒；許宣看上去老實單純、手無縛雞之力，誰能想到他竟比蛇還無情。

白娘子盼望有情人終成眷屬的一天，從此朝朝暮暮，這個願望如此美好，她怎能輕易放手？儘管許宣一次次拋棄她、表露嫌棄，她還是要死死抓住，極力挽回他。

作為一個站在社會對立面的妖，白娘子需要一位真心愛她、敢於對抗社會偏見，並且願意承受因為她奉行本我，而帶來一些倒楣事的人，她才能慢慢被渡化成人。她卻選擇了一位自私、懦弱、患得患失、居無定所、四處依賴別人且無情無義的男子。

是怎樣的吸引力，讓白娘子遇見這份孽緣？或許是他們心中，相似陰影的共鳴。兩人都被社會背棄，白娘子的自卑感低到谷底，而許宣又何嘗不是？他自幼父母雙亡，這對一個嬰兒來說，意味著被全世界拋棄，這份拋棄感足以摧毀一個人的自我價值。

另外，嬰兒的心靈世界和父母是共生的，父母死了，就猶如自己也被帶走。許宣自嬰兒起，便被最原始的死亡恐懼緊緊糾纏，所以，無論他做什麼事都患得患失、無比怯懦。

許宣心中的恐懼和卑微與白娘子是相通的，從這個角度看，他們不是異類，反而是同類。潛意識是很有智慧的，彷彿會讓人產生心靈感應，很容易就認出自己的同類。這或許就是白娘子對許宣一見鍾情的原因。

雖然白娘子難以接納自身陰影，但她對許宣仍愛護和包容；許宣對自己的陰影，則是徹底拒絕。他不想遇到和自己相似的人，因為那會映照出他內在的卑微與恐懼，他不允許自己再回到嬰兒期，體會過去可怕的感受。

我在沙盤遊戲諮商的學習與實踐中，了解蛇的各種象徵，蛇象徵著吞噬的母親、可怕的地獄與罪惡的性，但牠同時也象徵大母神的繁殖力、治療師與溝通交流者。

大母神是群體文化體驗的母親的原型，比如：母系社會的部落領袖可以被稱為大母神，**大母神的繁殖力中，孕育強烈的生的氣息；治療師為我們帶來希望；溝通交流者則會幫助我們，更好的與外界連結**。

蛇會帶來災難，也會帶來新生；蛇有消極的特質，也有積極。但許宣眼中盡是消極的一面，他無法看見白娘子歷經千年修煉，早已馴化蛇的攻擊性，因為他太恐懼了。只要白娘子稍微說一句氣話，就能讓許宣進入戰鬥狀態，他必須把白娘子「弄死」，才能確保自己的安全。

性是導致性別對立的原罪

源於性的象徵，蛇對人有著極強的誘惑，同時又令人生畏。蛇也是男性生殖器的象徵，當性被賦予罪惡時，男人會把這份罪轉嫁到女人身上。為什麼最初是夏娃先吃下了禁果，而不是亞當？為何原罪的開端是女人，男人卻顯得無辜？看上去無論是東方還是西方，只要是男權社會，女人往往都背負更多性的罪惡，這也影射了人類群體的陰影。

正如白娘子被世人唾棄，希臘神話中的蛇髮女妖梅杜莎（Medusa），也是被厭惡的對象。白娘子的蛇妖身分讓人懼怕，梅杜莎可以讓人石化的眼睛也是。受希臘神話的影響，梅杜莎可怕的形象被後人深深記住，卻少有人關注她的過去。

古羅馬後期，奧維德（Pūblius Ovidius Nāsō，古羅馬詩人在英文世界中通稱其為Ovid）在《變形記》（*Metamorphoseon libri*）中寫道：「……她原來是最美的女孩，許多人都希望娶她。她全身散發魅力，尤其是她的頭髮。據說，有一次在女戰神廟裡，海神涅普頓（Neptune）玷汙了梅杜莎。女戰神連忙轉過頭，用盾牌遮住自己純潔的雙眼。為了給這個女孩懲罰，女神就把她的頭髮變成了一堆醜惡的蛇。」

海神做了壞事，接受懲罰的卻是梅杜莎。明明男人才是施暴者，最後卻由受害者承擔後果。這種扭曲的價值觀恐怖至極，它延續了數千年。

在這種扭曲的價值觀體系裡，無數女人在漫長的歷史中猶如被PUA（Pickup artist，直譯為「搭訕藝術家」，用於男性對女性進行各種邀約、勾引等行為，所做的心理操控手法與技巧。目標是誘惑女性，與之發生性關係）一般，默認守不住貞潔的女人是罪惡的、羞恥的。甚至猶如女戰神一般，為了彰顯自己的純潔而懲罰受害的女性同胞。

更可笑的是，希臘神話中只記錄梅杜莎是如何被砍下腦袋，隻字未提她曾經是一位天真無邪的美麗少女。在這種氛圍下，直至今日，仍有大量女性在遭遇性侵或性騷擾後，不敢出聲，還會認為自己有罪，因巨大的羞恥感而陷入自卑。

作為蛇妖，白娘子一開始就背負著性的原罪，這種罪過讓她無法承認自己蛇妖的身分，甚至可能認為那是自己的黑歷史。

在諮商工作中，我發現很多女性都認為自己有黑歷史，比如：因為不再是處女就覺得自己很髒、因為經歷多次失敗的戀愛就認為自己很「渣」、因為意外懷孕被迫流產，就認為沒人會娶自己了……對性的原罪和羞恥認同得越多，就越壓抑。

難道所有的女人都必須忍受嗎？當然不是，女人並沒有那麼脆弱。

壓抑有多深，累積的憤怒就有多強烈。平日裡溫和的女人，一旦憤怒爆發，毀滅性的戰鬥力就會讓男人感到恐懼。

最初，白娘子還只是用言語表達憤怒。後來，她以大水淹沒了金山寺。

梅杜莎被砍下的頭顱滴下鮮血，落在利比亞沙漠上，變成了許多五顏六色的毒蛇。這是梅杜莎的憤怒，憤怒讓梅杜莎在死後也留下復仇者的名聲。

我們發現，很多文學作品和影視作品，彷彿跨越時空，在某個可以共同發聲的空間相遇。比如：〈李黃〉、〈李琯〉中，蛇怪專門攻擊男性，是否可以理解為「梅杜莎」們跨越時空的復仇呢？《倩女幽魂》中，美麗的女鬼引誘男人走向死亡；《畫皮》裡迷人的狐妖專吃男人的心臟，是否可以理解為是「房思琪」（臺灣作家林奕含《房思琪的初戀樂園》中，遭補習班老師性侵害的主角）跨越時空的復仇呢？

女人有多壓抑，對男人就有多少仇恨。所以，當許宣知道了白娘子的蛇妖身分後，被嚇得魂飛魄散，也是可以理解的。

出於本能和繁衍，男人和女人自然渴望以性的方式結合，這是男女之間存在的天然吸引力。但**當性被刻在罪惡和羞恥的柱子上，一旦發生，男人和女人就會像亞當和夏娃一般，覺得各自都有原罪**。這份罪惡感會讓他們憎恨彼此，導致男人和女人站在對立面。

怯懦的男人經常因為恐懼，想要摧毀女人，被激怒的女人會成為強而有力的復仇者，於是進入一個惡性循環，讓雙方無法真正進入良好的親密關係。

男人和女人想修復內心的陰影，與敵人和解，需要漫長的過程。在二〇一九年上映的電影《白蛇傳．情》（編按：為粵劇《白蛇傳．情》的電影版本）中，白娘子與許仙各自有所成長，雖然他們之間仍然有過欺騙和背叛，但兩人還是看見彼此的真心和堅持。

儘管如此，佛祖還是讓白娘子再修煉千年、讓許仙再等待千年。

千年的時間對兩人來說都是有意義的。白娘子需要與自身身為蛇的陰影和解、放下憤怒；許仙需要在數次輪迴中，不斷體驗死亡和重生，在充滿誘惑和苦難的人間接受各種磨練、找到自己的勇氣。

這樣的兩人重新結合，才算是修成正果。

第三章

有些關注與愛，其實是吞噬

1

比起忽視，過度關注更讓人絕望

——〈小紅帽〉

從前，有個很漂亮的小女孩，特別惹人憐愛。尤其是她的外婆，總想把最好的東西都給她。外婆送了一頂紅天鵝絨編織的帽子給她，小女孩非常喜歡，每天戴著它，於是大家都叫她「小紅帽」。

有一天，母親吩咐小紅帽，把一塊蛋糕和一瓶葡萄酒送給住在郊外森林裡的外婆，並叮囑她要走大路，不要跑到大路以外的地方，否則會跌倒，如果打碎瓶子，外婆就什麼都沒有了。

小紅帽在森林裡遇到了狼，她不知道狼是殘忍的野獸，所以並不害怕。狼有禮貌的與小紅帽寒暄。

從對話中，狼得知小紅帽外婆的住處，狼心想：「這個幼小的人是一口肥肉，比老太婆的味道好，我想把兩個都吃掉。」

狼故意誘惑小紅帽：「妳為什麼不瞧瞧這周圍美麗的花呢？」小紅帽也想帶一束花給外婆，於是她離開大路，進入森林。趁這段時間，狼來到外婆的房子，模仿小紅帽的聲音請外婆開門。

外婆因為全身無力，無法起床，便說：「你拉門上的把手就好了。」

狼一進屋，就把外婆吞進肚子，然後穿上外婆的衣服、戴上外婆的帽子，拉上窗簾、躺在床上，等待小紅帽到來。

小紅帽採的花多到拿不動了，她才想起外婆，於是她趕緊向外婆家走去。小紅帽看見外婆家門沒鎖，感到奇怪。

進屋後，她看到「外婆」躺在床上，把帽子壓得很低，遮住了臉，樣子也變得很奇怪。

小紅帽問「外婆」，她的耳朵、眼睛還有手為什麼都變得那麼大，接著又問，為什麼嘴巴也變得那麼大。

狼居然回答：「為了能更輕易的吃掉妳呀。」說完便從床上跳下來，一口把小紅帽吞了下去，然後躺在床上睡著了。

恰好這時有個獵人從屋前經過，他聽到屋裡傳來打鼾聲，以為是住在裡面的老人不舒服，便想進屋看看，結果一進屋，竟看到一隻狼正在呼呼大睡。

獵人本想端起槍把狼打死，他忽然想到，狼可能把外婆吃了。於是，獵人拿來剪刀把狼的肚皮剪開，小紅帽從裡面跳了出來，接著救出外婆。小紅帽拿來大石頭，填到狼的肚子裡。

等狼醒過來，因為肚子的石頭太重，牠很快就跌倒而死。獵人剝下狼皮回家，外婆吃了小紅帽帶來的蛋糕和葡萄酒，身體逐漸康復。

小紅帽心想：「以後再也不敢離開大路跑到森林裡去了。」

後來有一次，小紅帽又幫外婆送點心，又有一隻狼想引她離開大路，但小紅帽汲取教訓，沒有理會狼，並且跟外婆說了這件事。

沒過多久，狼果然來敲門了，小紅帽和外婆都不出聲，也不開門。狼只好跳上屋頂，計畫等小紅帽回家的時候再吃掉她。

外婆識破了狼的心思，她要小紅帽將煮過香腸的水倒在屋前的大石槽裡，狼忍不住香腸的誘惑，朝屋下一看，結果腳滑跌入大石槽裡淹死了。

上述故事是大家熟悉的〈小紅帽〉（*Little Red Riding Hood*），源自《格林童話》。《格林童話》中的〈小紅帽〉改寫自法國作家夏爾．佩羅（Charles Perrault）作品《鵝媽媽的故事》（*Les Contes de ma mère l'Oye*，主標題為《附道德訓誡的古代故事》〔*Histoires ou contes du temps passé, avec des moralités*〕，但《鵝媽媽的故事》較廣

為人知）中的一篇童話。

佩羅的故事來自民間，起初的「小紅帽」是被假扮外婆的狼引誘，脫下衣服躺在床上，並被狼吃掉的可憐少女；格林兄弟（Brüder Grimm）在改寫時，將少女改為小女孩，刪掉文中帶有性暗示的句子，並將外婆和小紅帽被吃掉的悲劇，改為被拯救的喜劇。

實際上，佩羅的「小紅帽」是十七世紀法國沙龍（salon）文化的產物。在當時的沙龍活動中，說故事是營造氣氛的重要節目。

「十七世紀法國的童話並非為兒童所寫，而是流傳在成人之間，是一種往往帶有色情內容的體裁。」這句話啟發了佩羅，於是他在故事的最後加上道德訓誡，提醒兒童和年輕女子「被寵壞的小孩容易遭到侵害，必須提高對假紳士的警惕」。

佩羅版與格林兄弟版的「小紅帽」給人柔弱而天真的感覺，後來出現了很多代表女性覺醒的「小紅帽」。

二〇〇五年上映的動畫電影《Kuso小紅帽》（*Hoodwinked!*）塑造出一位想成為超級特工的小紅帽；二〇一一年上映的電影《血紅帽》（*Red Riding Hood*）塑造一位成年後，主動反抗並勇敢探尋真相的小紅帽。

英國女性主義作家安潔拉・卡特的作品〈與狼為伴〉（*The Company of Wolves*）中，小紅帽也不再等待外界力量的救援，而是依靠自己的力量戰勝野狼。安潔拉・卡特筆下的小紅帽化身為狼女，渾身散發原始的自由和力量，打破父權社會下女性應該聽話的價值觀。

小紅帽因為遭遇危險從此變得聽話懂事，那麼她聽話懂事的背後，有著什麼樣的心聲？大人真的了解她嗎？

理解和接納，才能治癒創傷

雖然格林兄弟將佩羅版的〈小紅帽〉改寫得更加有趣，但我們仍舊可以感受到故事中隱含的告誡——不聽媽媽的話是很危險的。

回想我的童年，的確也有過不少被恐嚇的感覺，比如：晚上不要亂跑，否則會被鬼抓走；不要獨自走進小巷子，否則可能會被壞人抓走，有些人會挖走小孩的器官賣錢……當時的我，肯定是以情感隔離的方式面對這些恐嚇，現在回想起來，簡直毛骨悚然。

對大人來說，養大一個懵懂無知的小孩，確實不是一件容易的事，因為要面對太多不確定性。

社會中潛藏諸多不安全因素，而孩子天真無知，怎麼能不讓大人擔心？所以，我們也不難理解，為什麼大人喜歡嚇唬小孩，為什麼會有小紅帽這樣的故事出現。

在具有恐嚇性質的基礎上，〈小紅帽〉裡的人物設定也有一定含意——面臨危險的是小女孩，而凶手是狼。

狼凶狠、狡猾、貪婪，還會吃人，是獸性、動物本能和欲望的象徵，所以才有了「色狼」這樣的詞，來形容貪色的男人。

有些男人無法控制自身的欲望，或因欲望而喪失人性時，他們就會將魔爪伸向小女孩。

紅色是生命力的象徵。但對凶手來說，紅色也意味少女初潮、令人著迷的性。

在二〇一九年的騰訊公益大賽，李奧貝納（Leo Burnett Worldwide，美國廣告公司）上海分公司透過一個 HTML5（編按：一種用於建立網頁的標準標記語言）作品，將〈小紅帽〉中的大灰狼比作現實生活中的色狼，重新講述小女孩遇到色狼的「童話之殤」，呼籲更多人關注女童遭受性侵的問題。

故事結束時，一組驚人的數字映入眼簾：**每天有超過七名兒童被猥褻，留守兒童案件約占七五．九八%，教師、鄰居、親戚等熟人犯案約占七〇．五九%。**

在心理諮商室，我見證一位又一位女孩，因為童年遭遇性侵，往後餘生都深陷羞恥、恐懼和悲傷之中。

格林兄弟的改寫，讓故事充滿理想化色彩；佩羅從民間故事整理的〈小紅帽〉則更貼近民情，也意味更貼近真相。脫下童話外衣回到現實世界，一旦一個小女孩被狼吃掉，生命也就結束了。

那些被性侵過的女性個案，常常帶著強烈的死亡氣息走進諮商室，我總感覺在某個平行宇宙裡，她們已經死去，站在我面前的不過是一具軀殼。

她們在這個世間所做的一切，都像是在證明自己還活著，她們進行諮商，也像是掙扎，試圖讓自己從死亡復活。

我的一位個案K，她長相甜美、多才多藝，但渾身散發著憂鬱的氣息。她走路輕飄飄的，說話也是，讓人感覺她的魂魄似乎已經離開了身體。

後來我才得知，她讀國中時曾被鄰居大叔性侵，這真是一段可怕的經歷。更可怕的是，那位大叔還警告她：「不准跟任何人說，否則大家都會說妳是小婊子，妳爸媽的面了就沒了。」

常年被父母忽視的K真的就獨自吞咽這份痛苦。還好讀高中的時候，她搬家了，才讓她擺脫噩夢。但她後來才發現，這個噩夢一直存在，從未擺脫過。

聽到K的經歷，我很難過。我知道，想要從這個噩夢中走出，需要漫長的療程。

在心理諮商的過程中，K開始一點一點觸碰自己的感受。性帶來的羞恥感讓她無比厭惡自己，認為自己很髒，甚至見不得人。

我能感受到她的憤怒，但長久的沉默，讓她將所有憤怒的情緒都指向自己，這些憤怒像利刃般一刀一刀剜著她，讓她遍體鱗傷。

我常常詢問她的感受，這讓她漸漸意識到終於有人願意傾聽，也讓她開始關心自己的身體感受。她的無助、恐懼、悲傷和憤怒，慢慢的透過言語表達出來。

這時，她才真正體會到她的憤怒有多強烈，她說：「我真想殺了那個人！」

當她能夠充分表達憤怒時，她終於放過了自己，她說：「我高中的時候曾陷入憂鬱，那時總想自殺，現在我才明白，我真正想殺的人不是自己，而是性侵我的人。」

唯有看見心中長久被封印的情緒，將其痛痛快快表達出來，並且理解和接納，遭遇創傷的人才能被治癒。

但令人難過的是，因為性被大家看作是一個禁忌且羞恥的話題，為了和性保持距離，當任何人聽到和性有關的事件時，人們常常在不了解具體情況下，就不友善的評判，甚至指責當事人。

這讓許多如K一樣遭遇不幸的女孩只能獨自吞咽痛苦、絕望和孤獨。同時，縱容那些「狼」，讓他們更加無所顧忌。

格林兄弟將〈小紅帽〉中暗示性的句子刪除，也是否認性的呈現。

小紅帽的媽媽原本可以直接告訴她，森林裡有狼，遇到狼要直接逃跑，卻只告訴小紅帽要走大路。如此隱晦的暗示，讓小紅帽意識不到真正的危險。

不過，比起過去一味的迴避，如今越來越多的父母，開始關注孩子的性教育，並透過性教育來增強孩子保護自我的意識。

家庭的忽視，讓狼有機可乘

在心理諮商臨床工作中，我發現曾在童年或少女時期遭遇性侵的女性個案，她們在家庭中，往往長期處於被嚴重忽視的狀態，以至於她們甚至不敢向父母講述自己經歷了多麼可怕的事情。

其實，小孩子是很容易和父母親近的，他們很願意向父母講述自己在一天中遇見的大小事，如果遇見了讓自己感到害怕的事，更會及時告訴父母。

所以，對這種孩子來說，可能在他們陷入危險前，父母已經及時採取措施，為他們建立起保護屏障了；而被嚴重忽視的孩子，很難有機會向父母傾訴，更不要說打開心扉。這就讓生活中的「狼」有機可乘，因為無論他們做什麼，大人都不知道。

可能會有人說，小紅帽可不是被忽視的孩子，相反的，她是被積極關注的孩子。其實，很多孩子和小紅帽一樣，比如《房思琪的初戀樂園》中的房思琪，看上去被照顧和保護得很好，實際上，他們真實的心靈世界從未真正被父母了解過。

讓人感到諷刺的是，**許多父母自認為非常關注、了解孩子，卻不知道這只是他們自己的想像罷了**。

小紅帽的媽媽真的關注小紅帽了嗎？如果是這樣，為什麼她會讓小紅帽獨自經過有狼出沒的森林？為什麼當她叮囑小紅帽不要跑到大路外面時，強調的是不要打破瓶子？她真的了解小紅帽嗎？

如果了解的話，為什麼她想不到女兒可能連狼的話都會相信？為什麼她沒有意識到，即使自己叮囑過，女兒可能還是會輕易離開大路？

顯然，**比起對小紅帽的關注，這位媽媽似乎把更多的精力放在自己的母親**。

比起對母親身分的認同，她似乎更想要獲得「母親的女兒」的身分認同，所以她無暇照顧小紅帽，有時她不但沒辦法顧及自己的女兒，甚至還想讓女兒一起來滿足自己母親的需求。

這時，三人更像是兩個女兒與一個母親，外婆替代小紅帽的媽媽，成為外孫女的母親。

故事裡交代，外婆特別喜歡小紅帽，這意味外婆在外孫女面前，會成為一個好母親嗎？多數情況下，老人帶孩子都是盡心盡力的，但有時也會有心無力。

比如原本應該照顧小紅帽的外婆生病了，需要小紅帽帶著食物照顧她，導致她走向了一條充滿死亡氣息的危險之路。

我有一位個案，小時候是跟外婆一起睡的，她外婆摟著她入睡時，常常說：「外婆太老了，快死了，不知道睡著之後還能不能再醒過來。」

這讓我的個案，每天晚上都是在驚恐中入睡的，小小的她真的很難確定外婆會不會在天亮前死掉。

其實，像我這位個案一樣，因為和老人貼近，過早體會到死亡的孩子還有很多，他們還要接納老人在死亡恐懼籠罩下的陰鬱和孤獨，這些都為他們的童年蒙上陰影。

小紅帽的外婆不僅要面對衰老和疾病，還要面對獨居老人的孤獨。在這種情況下，她如何有心力真正看見自己的外孫女呢？恐怕很難。

現實中，有一些被死亡的恐懼和內心的孤獨吞噬的老人，也會忍不住想吞噬其他事物。他們會緊緊抓住孩子，恨不得把孩子吞入自己的身體，這樣他們才會感到自己是和孩子融合在一起的，永遠不會分開。

這樣的融合體驗，會讓他們暫時忘掉死亡和孤獨，這時，孩子成了老人的救命稻草，又如何能被好好看見呢？所以，我們要進行區分，**有些關注是真正的關注，而有些關注其實是吞噬**。

很多孩子都曾體驗過一種如墜深淵般的絕望，那就是養育自己的人，整天圍著自己轉，他們以愛之名，指導自己的生活。但自己真實的需求卻永遠無法被看見，即使自己嘗試表達也無濟於事。

比起直接忽視，這種過度關注造成的忽視更令人絕望，會讓人感覺自我意識和空間都被活生生吞了。

當母親的角色以吞噬的方式存在時，如果父親在場，對孩子來說是一種救贖。但故事中沒有提及小紅帽的父親，這是一個父親缺席的家庭。**有所失去且被嚴重忽視的孩子，內心是極度渴望被關注的，這時，可能會讓一些「狼」有機可乘。**

特別是身邊熟悉的「狼」，他們往往會在一開始透過給予關注，為孩子幼小的心靈設下陷阱。這些「狼」之所以如此膽大包天，也源於他們已經看透孩子和父母之間的問題，習慣忽視孩子的家人是不會發現的。

殺死心中的狼

面對被忽視的絕望或被吞噬的危險時，難道小孩子會如小紅帽般懵懂無知嗎？恐怕大人是這麼認為的。

實際上，孩子們非常聰明，很多時候他們看得比大人明白。他們的聰慧還體現在他們擁有奇幻的想像力，這會讓他們為自己構建一個幻想的世界，以同理他們的感受、補償心中的願望，並應對心中的恐懼。

小孩子在沙盤遊戲諮商中，會透過沙盤模型，建構出奇妙的童話世界。

這個世界中有邪惡的巫婆、吃人的怪獸、柔弱的小動物，還有代表正義的拯救者等。這些形象被孩子擺進同一個沙盤，共同演出一則又一則童話故事。

其實，沙盤裡面的形象都是個案心中的子人格，裡面呈現的場景和情緒基調（feeling tone），也是他們心靈世界的投射。

同樣的，一部文學作品中，被創造出來的人物，我們也可以將其理解為作者心中子人格的投射，如果將主角理解為主人格，其他人物可以理解為主角內心的投射。

〈小紅帽〉之所以能跨越三百年，依然被大家所熟知，也源於它映照出人們的心靈世界。

時代在變化，西方與東方的文化有所不同，但人類的家庭結構是相似的，〈小紅帽〉中的家庭關係、孩子的心靈世界與無數人的心靈產生共鳴。

無論你現在多大，都曾經是個孩子，〈小紅帽〉不僅讓我們憶起童年世界，更反映我們在兒童時期，潛意識中的幻想世界。

〈小紅帽〉中吃人的劇情，很容易讓人想到佛洛伊德提出的「口腔期」。

嬰兒看見喜歡的東西，第一反應可能是想吃掉它，對成年人來說，越接近嬰兒狀態的兒童，越容易對吃有更原始的欲望。

小紅帽體驗到自己被外婆吞噬，小孩子可能會把自我意識被吞噬的感覺，轉化為自己可能真的會被吃掉。

很多孩子特別怕鬼，在精神分析解讀中發現，他們心中的鬼，往往是懲罰或吞噬掉自己的母親。面對這樣的恐懼，小紅帽會產生怎樣的幻想呢？

「如果我有一隻大灰狼，我就不怕被外婆吃掉了，當她要吃我時，我的大灰狼可以先吃掉她。」所以，小紅帽輕易的就把外婆的住處告訴狼，是否呼應她在潛意識中，確實有引狼入室的幻想呢？

當小紅帽抵達外婆家，發現外婆真的被吃掉時，她又會陷入很深的自責和恐懼，這時她心中的狼會反噬她，也將她吃掉。

其實，比起童話世界的可怕隱喻，現實世界有時候更慘烈。

我有一個九歲的小個案，從小被身患憂鬱症的奶奶扶養長大，他的父母非常忙碌、經常出差，無法照顧他。

他在沙盤中擺出的情景，是自己要被一個可怕的老巫婆殺死，而自己歷經艱難，最終把老巫婆殺死，但當老巫婆死後，他突然將擺出的沙盤用雙手摧毀。

他說：「突然間降臨了大災難，整個世界都毀滅了，所有人都死了。」

我們先來想像一下，對於一個小孩子來說，整天和一個身患憂鬱症的老人相處，是怎樣暗無天日的生活。

但他的父母太忙了，沒有人能關注到他這份痛苦，他的內心變得越來越封閉，而越是封閉的心靈世界，就越是充滿幻想。

當孩子無法與外界接觸時，內在的幻想世界對他們來說，會變得越來越真實。這也是為什麼孩子們喜歡看動畫和童話故事，因為動畫和童話故事中的幻想世界，恰好符合孩子們的心靈體驗。

所以，當面對痛苦、深陷無助時，孩子很容易進入幻想的世界來拯救自己。

從沙盤世界可以看出，在我的這位小個案心靈的某個角落，他可能幻想著陰鬱的奶奶可以死掉，這樣他就解脫了。

很不幸的是，在這個孩子七歲時，他的奶奶真的過世了，這讓他陷入自責和恐懼之中，他感覺奶奶是被自己詛咒而死。

正因為在小孩充滿魔幻的心靈世界裡，幻想和真實常常融為一體，所以一旦幻想成真，孩子很容易就認為是自己的幻想發揮作用。所以，奶奶的死對這位小個案來說打擊很大。

從此，他的世界崩塌，他無法再去上學，甚至不想和朋友玩耍。好在，如今心理諮商的普及，讓這位小個案有機會在諮商空間表達自己的恐懼、有機會獲得療癒。

而當小紅帽面臨毀滅時，她還有重生的機會嗎？在小紅帽的幻想裡，獵人出現。這象徵在外打獵的父親回來了，父親將她和外婆救了出來。

在此，我們可以看到父親的回歸對孩子來說是多麼重要。接著，小紅帽搬了很多石頭塞進狼的肚子，以這種方式殺死了狼。這一幕讓我們看到，小紅帽絕非大人所想像，是一個懵懂無知的小女孩，她是很有力量的。

必要的時候，她可以在心中創造狼，也可以殺死狼。

2

最不起眼的，其實最有價值

——《穿靴子的貓》

從前有一個磨工，他的全部家產只有一個石磨、一頭驢子和一隻貓。他有三個兒子，磨工死後，老大收到石磨，老二牽走了驢子，而老三則分到了貓。

老三感到有些淒涼，此時，貓安慰他：「只要你能給我一個袋子和一雙靴子，我就能幫助你擺脫貧困。」

老三雖然沒有抱太大希望，但還是想試一試。於是，他按照貓的要求，給牠靴子和袋子。

貓穿上靴子，在袋子裡放進野兔喜歡的麥麩和萵苣，帶著袋子進入野兔林後，立刻躺下裝死、等野兔上鉤。穿靴子的貓剛躺下，就有一隻野兔自己送上門來。抓住野兔後，貓便拿去獻給國王，謊稱是自己的主人——「卡拉巴斯侯爵」送給國王的。

就這樣，穿靴子的貓經常以主人「卡拉巴斯侯爵」的名義送國王獵物，連續送了兩、三個月。

一天，貓打聽到國王要帶公主去河邊遊玩，便連忙趕回家，說服主人按照自己指定的地點下河洗澡，其餘的一切就交給牠搞定。

主人雖然摸不著頭緒，但還是按照貓的意思去做。國王的馬車從河邊經過時，穿靴子的貓假裝主人有危險，請國王救救落水的主人。於是國王把貓的主人救了上來，貓又說主人的衣服被偷了，其實是牠偷偷藏起來了。

國王叫人拿來一套自己穿的衣服給貓的主人——「卡拉巴斯侯爵」。老三穿上後十分英俊，公主一下子就喜歡上了他。

於是，國王邀請「卡拉巴斯侯爵」上車同遊，穿靴子的貓就跑在前面。貓遇到在牧場割草的人便威脅他們，要他們在國王面前說這個牧場是「卡拉巴斯侯爵」的，不然就會被剁成肉泥。

過了一段時間，國王經過這裡，果然問牧場是誰的。當他得知牧場是「卡拉巴斯侯爵」的，對侯爵十分讚賞。

就這樣，穿靴子的貓一直跑在馬車前面，無論遇到什麼人，他都做同樣的事情。因此，國王對「卡拉巴斯侯爵」擁有的財富大為驚嘆。

最後，穿靴子的貓來到一座美麗輝煌的城堡。這個城堡的主人是一個食人怪，他是世界上最富有的人，剛才國王經過的地方，其實都屬於他的。貓事先打聽食人怪的消息，來到城堡前要求拜訪。

食人怪很不情願的接待牠。穿靴子的貓先讓食人怪展示變成大型動物的本領，食人怪為了展現自己的能力，變成了一頭獅子，穿靴子的貓被嚇得不輕。

然後，貓又要食人怪變成小型動物，並表示不相信食人怪有這樣的本領，食人怪為了展示自己無所不能，便按照貓的要求，變成了一隻老鼠，在地板跑來跑去。貓看到後立刻撲上去，把老鼠吃掉。

這時，國王一行人剛好經過城堡，穿靴子的貓又假裝這座城堡是「卡拉巴斯侯爵」的，國王聽了之後十分驚嘆。

他們參觀了城堡、吃了一頓豐盛的酒席，這桌酒席原本是食人怪為自己的朋友準備的。酒席上，國王十分賞識「卡拉巴斯侯爵」，並表示願意把公主嫁給他。

於是，「卡拉巴斯侯爵」和公主就在當天舉行了婚禮。從此，穿靴子的貓也變成「高貴的紳士」，不再需要捕捉老鼠來填飽肚子。

在故事裡，當貓穿上靴子後，其狡猾程度堪比狐狸、智慧和遠見堪比一位預言家。在某些童話中，當父母分完遺產後，往往會留下一隻狗，但在這個童話中，穿靴子的貓擁有狗一般的忠誠，像騎士一樣協助小兒子。

二〇二二年上半年，以榮格分析心理學的人格類型為理論依據，由伊莎貝爾・布里格斯・邁爾斯（Isabel Briggs Myers）和她的母親凱薩琳・庫克・布里格斯（Katharine Cook Briggs），透過大量的統計學數據，創建的邁爾斯—布里格斯性格分類法（Myers-Briggs Type Indicator，縮寫為MBTI，是一種人格類型的評量工具），再次引起話題。

業內榮格分析師大多喜歡養貓，這似乎成了一個標誌性的流派癖好。但凡問起原因時，大家理由各異，簡單分析的話，會說偏愛榮格的諮商師大多是內傾直覺型（introverted intuition）的人。

貓，是神也是魔鬼

從人類社會觀察貓、狗與人的關係演變，狗是人類第一個馴服的動物。在狩獵時代，狗就已經是人類最忠誠的夥伴，而貓至今仍未被完全馴化，儘管對人親密，卻還保留自我意識。

在達瑞爾・夏普（Daryl Sharp）《榮格人格類型》（*Personality Types: Jung's*

Model of Typology）一書中，對典型內傾性格的描述如下：

往往在行事時按照自己的方式，設下障礙以對抗來自外在的影響。容易對事情感到不信任、固執，常常苦於自卑，因此會嫉妒別人。內傾性格的人會以周全的顧慮、賣弄學問、節儉樸實、小心謹慎、努力負責、堅毅的正直、禮貌的行為等來面對世界。在正常情況下，是悲觀多慮的，因為世界和人類一點也不善良，只會壓垮他們。對他們而言，自己的世界是安全的避風港，是高牆圍繞、仔細照料的花園，不對公眾開放，也避開窺視的眼睛。自己的陪伴才是最好的。

以這種心理傾向來說，人們往往會認為貓偏向內傾，而狗偏向外傾。**貓像內傾的人一般，不太回應別人，好像一直在躲避、冷漠面對外在世界，並不投入；而狗對主人的興趣和忠誠，更像是具有外傾特質的人。**《榮格人格類型》對典型的外傾人格描述如下：

他們對外在個體感興趣、反應熱烈、樂意接受外界發生的事，想要影響事件，也會被事件影響。需要與人群互動、有忍受各種忙亂與噪音的能力，且真正樂在其中。不斷注意周遭世界、願意結交朋友、與人相處。不會過於精挑細選，最重要的是能與結交的人有依附感，所以有表現自己的強烈傾向。

據此，外傾性格的人生哲學和倫理觀，通常具有高度的群體性質，帶有強烈的利他傾向。

在確認貓和狗的先天氣質和心理傾向後，我們再看其心理功能。

心理功能主要有兩個：一個是感知功能，即獲得訊息的能力，是非理性的，感知功能具體分為透過五感（視覺、聽覺、嗅覺、味覺和觸覺）來獲得訊息的S（Sense，感官）型與透過第六感和整體感覺的N（Intuition，直覺）型；**另一個是判斷功能，即處理訊息的能力**，是理性的，具體分為透過邏輯和思辨處理問題的T（Think，思考）型和透過好惡、有無價值進行判斷的F（Feeling，情感）型。

貓和狗在獲取訊息這一點上，狗更加務實，依賴現實的感知，即偏向S；而貓對未知更加著迷和好奇，偏向N。

目前人類對貓和狗的思維能力了解有限，我們觀察到的多是貓和狗對人或同伴的喜歡和信任，因此在理性功能一欄，暫且評估貓和狗都同為F型。

綜合以上，**貓偏向NF，狗偏向SF**。也就是說，貓擁有強大的思考能力，但外在的情感表現較為冷漠。

現實中當然也有內傾害羞的狗和熱情黏人的貓。因為性格是多面向的，即使最為外傾的人，也需要獨處的內傾時刻；最為內傾的「社恐」（social phobia，社交恐懼症，又可稱為社交焦慮、人群恐懼。全稱為social anxiety disorder）人士，也有社交的需求。

人的性格是複雜的，並非單一的內傾和外傾。而《穿靴子的貓》這個童話的動人之處在於：一隻狡詐、自私自利、為所欲為的貓，居然宛若狗一般忠誠，擁有一顆熾熱的心，「神助攻」（編按：網路流行用語，指幫助別人做到原本難以完成，甚至是不可能完成的事情）一無所有的小兒子娶得公主，走上逆襲（編按：出自日語，指反攻或攻擊）之旅。

在這類的童話中，貓和狗的本性更貼近人類的本能特質。

在探討完人格傾向後，讓我們看看童話一開始，穿靴子的貓透過要了一雙靴子，展現自己非凡的智慧。

作為讀者不禁會想問：為什麼要設定成「穿靴子的貓」？靴子象徵著什麼呢？不穿靴了不行嗎？戴帽子、穿馬甲或戴手套的貓呢？一隻什麼也不穿的貓難道就不能完成任務了嗎？

想想人類的進化史，能直立行走是人類有了智慧後的飛躍性突破。童話中貓穿上靴子，意味著貓從四腳著地開始直立行走，準備展示自己的智慧，進入文明社會。

在基督教文化中，亞當與夏娃被蛇誘惑，從伊甸園摘下善惡果。上帝之所以發現這件事，便是亞當和夏娃為了遮羞，穿上樹葉做的內衣褲。而在《穿靴子的貓》中，貓穿上的不是內衣褲，而是靴子。

穿靴子的貓從草鞋、布鞋、皮鞋、靴子等不同種類的鞋子中，選擇了靴子。「靴」的部首為「革」，其材料是獸皮，而獸皮是力量的象徵。

在美國西部片盛行的時代，男孩子都夢想能擁有一雙靴子，因為那是西部牛仔的象徵，穿上靴子彷彿征服其他凶猛的硬漢。當貓穿上靴子，便是「西部牛仔」幫助小兒子打天下。

從古埃及時代開始，貓科動物的形象便主宰著人類的想像空間。比如古埃及人認為，黑貓是女神芭絲特（Bastet）的化身；在中世紀的歐洲，黑貓與魔法、巫術連結在一起，傳說中狠毒的女巫總是化作黑貓四處作惡。

貓被人類當作神靈供奉、同時也被視為魔鬼，其本身的形象是亦正亦邪的。貓深諳正邪兩道，當牠穿上靴子，便開啟了惡作劇般亦正亦邪的智取之旅。

一趟屬於貓的英雄之旅

《穿靴子的貓》以磨工父親分配遺產開始。在童話和傳說故事中，經常以父親或國王的死或疾病作為開端。但是，為什麼童話裡的父親或國王都有偏愛？

在一個家庭系統中，倘若把一個家庭的發展比擬為個體化歷程，那麼每個孩子的發展，就是分化某一個功能。

在個體化的發展中，通常會先發展優勢功能和輔助功能，比如大兒子很聰明、二兒子有力氣等。而小兒子則處在第三功能或劣勢功能區，有待發展。

父親對遺產分配不均，暗示舊秩序到了一個必須被打破的局面。**舊秩序需要以新秩序取而代之**。而決定新秩序的人，是三個兒子中勝出的一位，通常會以小兒子取得勝利為結局。故事的情節發展可總結如下：

- 起因：有一個大危機需要解決，有時是尋寶。在這個故事中，小兒子需要解決的是生存危機。
- 過程：反覆試錯。通常是聰明的大兒子和強壯的二兒子失敗，意味過去的方法不奏效。
- 結局：弱者勝出。在這個故事中，小兒子得到幸福，大兒子和二兒子沒有提及太多。它講述了新的規則：原本最不值錢的遺產——一隻貓——最終卻是最有價值的。這隻貓象徵家庭系統中，被忽視的部分重新獲得重視，一如在其他故事中，最笨但善良的兒子獲得公主的芳心。

在故事《穿靴子的貓》裡，貓的做法就像魔法師不斷指引小兒子，又像朋友般提供協助：我知道你的困難，那我就用行動幫助你化解危機。

當貓提出要穿靴子時，小兒子無條件信任和尊重牠，沒有說奇怪的話，也沒有任何質疑，這意味著如果我們要發展劣勢功能，就需要一定的信任。

接下來，貓穿上了靴子，開始執行計畫。牠不斷打獵，送給了國王兩、三個月的獵物。

狩獵在西方傳統中是貴族的行為。有證據顯示，狩獵者與採集者所處的舊石器時代，人口較少，物資相對充沛，有組織的戰事尚未出現，是一個物產豐富、寧靜祥和的時代。

貓透過捕殺和贈予獵物，勾起國王對其主人身分的好奇與遐想。**貓利用自己的智慧去捕捉獵物，是在國王心中勾勒「卡拉巴斯侯爵」形象的第一步**。

在約翰．畢比的《類型與原型》（*Type and Archetype*，暫譯）中提到，每一種功能背後，都是由原型力量推動。狩獵對於穿靴子的貓而言，更像是可以運用的正當手段。發揮自己的優勢功能，獲得代表社會主流價值觀的國王認可，牠完成的是一趟相當標準的英雄之旅。

人是被情結挾持的傀儡

從男性心理發展來看，狩獵在心理層面，是確認自身生存能力和智慧的方式。

小兒子和國王見面之前，貓安排了一段小插曲，假裝小兒子掉進水裡，這個場景在童話故事中很常見，而且巧妙。

水是潛意識的象徵，衣服則是面具，小兒子需要脫去貧窮的舊衣，穿上新衣。**無論一個人擁有多豐富的內涵，外觀仍需要在一定程度上符合社會標準。**

貓巧妙的讓小兒子有機會跨越階級，就像灰姑娘為了參加王子的晚宴，需要仙女準備南瓜馬車、晚禮服和一雙玻璃鞋。

如果說前面的狩獵和落水是可以自導自演的，那麼穿靴子的貓在前面引路、推波助瀾、恐嚇農民、安排大家演戲，則表示貓的惡作劇，是魔法師的原型。牠亦正亦邪，超越道德和本能，在武力和人性之間取得平衡。

榮格提出的心理類型有兩種心理傾向、四種心理功能，交叉組合一共有八種類型。對每個人來說，自身人格會以這八種類型其中之一主導，再匹配一種輔助功能。

從約翰．畢比的「人格脊柱模型」（Personality backbone）來看，自帶的天賦是優勢功能，發揮完成就可以在社會立足，即完成英雄之旅；而輔助功能，即父母親的角色，在社會中是分配不均的，於是就需要發展第三功能，這個就是由愚者原型、惡作劇者原型和永恆少年原型來推動的。

美國加州大學舊金山分校（University of California, San Francisco），精神病學臨床教授艾倫·B·知念（Allan B. Chinen）博士的《童話中的男性進化史》（*Beyond the Hero: Classic Stories of Men in Search of Soul*，暫譯）中，反覆提及惡作劇者原型在男性成長中的重要地位。

首先，惡作劇者原型是作為男性生命之源存在的，這一主題在世界各地的神話中都有不同表現，像非洲昆族（!Kung）的惡作劇者創世神加奧（Kaang）和西北岸印第安人的烏鴉（Crow），屬於生命最初的創造者。

還有很多惡作劇者原型的神明擁有復活死者的能力，有些甚至能讓自己起死回生，比如北美原住民的惡作劇者郊狼（Coyote）；還有貓在各種童話和神話中，擁有九條命的形象。

此外，惡作劇者原型的生命力表現經常與性有關，也就是說，他是生物學意義上實實在在的「生命賦予者」。

在二〇一一年的動畫電影《鞋貓劍客》（*Puss in Boots*）中，插入一段戀情，誠如爛番茄（Rotten Tomatoes，美國電影和電視評論網站）上專業影評人萊斯里·康貝梅爾（Leslie Combemale）感嘆：「除了莎瑪（Salma Hayek，編按：莎瑪在《鞋貓劍客》中為Q手吉蒂〔Kitty Softpaws〕配音）和安東尼奧（Antonio Banderas，鞋貓劍客配音員），還有誰能讓卡通貓如此性感？」

貓的性感和優雅有目共睹，即使在童話中，貓也極其注重外在形象，這也是穿靴子的貓唆使小兒子下水，以換到新衣服的原因，溼答答的頭髮、穿著新的華麗服飾，如何不迷人？

除了生物學，惡作劇者在社會意義上也是生命賦予者。正如美國作家羅伯特・佩爾頓（Robert Pelton）在分析各種惡作劇者原型的故事後總結，**創世者為人類帶來了語言、火、藥物以及金屬加工等發現與發明，象徵「人類生活的原始力量」**。

在這個童話中，穿靴子的貓是在小兒子一無所有，即在父親遺產分配不均、不公平的父權體制社會下，作為惡作劇者原型讓小兒子生存下去。此時，穿靴子的貓有如及時雨，成為小兒子的精神導師、騎士、老師和同伴。

穿靴子的貓透過狩獵，有了最初的獵物，利用社會的貪欲和私欲，獲取名與利。

當穿靴子的貓獨自面對食人怪時，是童話中最後一波高潮。食人怪在這個城堡裡享受太久的權力和金錢，他透過武力獲得比國王還要多的財產。在這個故事中，由安分守己、獲得社會化的正向阿尼姆斯發展而來的人格，尚未整合陰影的力量。

但貓是一個已整合的角色，他察覺了國王對財富的渴望，也發現食人怪未經教化、需要被稱讚、肯定。貓看透了每個人的內在需求。

出現在邊界、破壞原有的界線、創造新的事物，屬於惡作劇者原型的拿手絕活，而這個過程充滿風險。比如穿靴子的貓，一開始引誘食人怪變成獅子，差點喪命，所以牠自己也被嚇得不輕。這是貓的鋪陳，讓食人怪沉浸在自戀中，讓牠輕忽，最終被穿靴子的貓引誘，變成一隻小老鼠。

整個過程中，穿靴子的貓遊走在討好者和捕獵者角色之間，如履薄冰。在這個故事設定中，國王的領土外就是食人怪統治的國度，貓用上述方式將兩者合而為一。

當穿靴子的貓勝利後，也就是融合了第三功能，最後要發展的就是劣勢功能，即迎接大多數童話的完美結局。

故事裡，小兒子娶了公主，或者小女孩嫁給王子，在榮格分析心理學中，就是阿尼瑪和阿尼姆斯結合的心理象徵，他們彼此靠近、彼此欣賞。

如果善良的人格面具，以及隱藏其下的陰影，是社會規範下好壞的對立法則，那麼阿尼瑪和阿尼姆斯則更像是《易經》中所說，陰性與陽性力量的區別。

有人曾以統計學得出：獲得選票是利用個人特質和性格引導出的結果。其操作戰略大概就是：要贏得女性選票，就必須展現慈悲、情感，以及寬容的特質；而要獲得男性選票，則必須展現邏輯、競爭力、硬漢本色，以及道德的判斷（引用自莫瑞・史坦〔Murray Stein〕《榮格心靈地圖》〔*Jung's Map of the Soul*〕）。

另一方面，根據榮格的說法，男女的內在世界（隱藏人格和潛意識的其他自我）和表現出來的特徵正好相反。換言之，人類要比他的外在形象複雜許多。

譬如當女性開始反思、內省時，她們經常會遭受邏輯、競爭力、硬漢本色以及道德的評判；男人則會展現出慈悲、情感與寬容。而童話中公主與王子結婚，象徵男性法則與女性法則的融合。

曾有人問：「貓能擁有這樣的智慧，而小兒子坐享其成，是不是太異想天開了？對個人發展有什麼啟示或意義嗎？」

其實在童話中，是透過不同角色，把一個人的某個性格形象化。《穿靴子的貓》象徵社會化過程中，人整合成貓一樣，充滿智慧、狡猾多端，卻擁有一顆忠誠的心。

童話中小兒子逆來順受，戴著一副不爭不搶的人格面具；穿靴子的貓則十分狡詐，為了達到目的，會去欺騙、誘惑、設下陷阱。當小兒子面臨生存危機時，是穿靴子的貓帶領他完成逆襲，活了下去。

榮格曾引用過剛接觸心理諮商的病人，在信件中的一段話：

因為邪惡，我得到了許多良善。藉由保持安靜、不壓抑與接受現實等實事求是的視角，而非一味順從己見。藉由這個行為，使我得到非凡的知識與力量，完全不是我以前所能想像的。

我總是認為，當我接受事實時，它們便凌駕於我之上。結果我發現這根本不是真的，只有接受它們，才能對它們採取某種態度。因此，現在我願意以隨遇而安的態度來生活。

不論我身上發生什麼事，我都接受，善與惡、陽光與陰影永遠在交替，我也以這種方式接受自己本性中的正面與負面。於是，每件事物開始變得更有生氣。我過去是多麼愚蠢啊！竟然迫使每件事以我認為應該的方式進行。

在遺產分配不均時，小兒子坦然接受貓的存在，沒有干預。如果小兒子不允許貓的各種黑暗面和陰影，那麼小兒子一輩子就只能是一個貧困的好人，他智慧、狡猾、野心和渴望的一面，就沒有機會展現。

精神官能症的形成也源自過度壓抑本我。這個童話對我們現代人依然具有啟發性，當我們過度認同面具、不表達自己的攻擊性，就會像小兒子被不公正的對待。處於困境時，若希望能發展出劣勢功能，那就需要開啟一趟英雄之旅。

小兒子的內心住著一隻穿靴子的貓。**如何與我們內心的小野貓相處，是一個個體化的過程。**我們每個人內心都擁有想要變得更加完整的原始動力，而如何變得完整，就需要看見、理解自己的情結，學會與其相處。

情結具有能量，並且可以呈現獨立的「迴旋共振」（cyclotron resonance，編按：描述外力與磁場中帶電粒子的交互作用所產生的共振現象）。

就像電子環繞在原子核周邊一樣，當它們受到某個情境或事件的刺激，便會流動、朝同一個方向旋轉，經由碰撞散發情緒能量。

當這個情況發生時，自我不再能完全控制意識或身體。經典精神分析經常提及的戀母情結便是其中之一，這個情結伴隨許多人一輩子。

某種程度上，人是被情結挾持的傀儡，發現情結，並學著繞道而行是一種修行。

在我們的成長過程中，有些行為和能量是被壓抑的，就像佛洛伊德學說所言，我們的性衝動（Libido，又稱欲力，早期被音譯為力比多）被壓抑著。榮格在《紅書》

（*Liber Novus*）中寫道：

> 你無法透過少做事征服舊教條，但多做就可以做到。
>
> 我每接近靈魂一步，都會引起魔鬼、嚼舌根的小人和搬弄是非之人輕蔑的嘲笑。他們嘲笑我的原因很簡單，因為我在做奇怪的事。

而穿靴子的貓奇特的造型和每一步，看似詐欺、拐騙，其實是當人格面具失效、整合陰影的力量時，遊走在正邪之間，惡作劇者原型力量的象徵。

艾倫·B·知念《童話中的男性進化史》一書認為，**成熟男人的任務，就是回溯往昔，找回「獵人─惡作劇者」的原型，進而重拾史前意象和壓抑已久的衝動。**

3

明知沒有完美結局，還是要追求

——〈糖果屋〉

在大森林的邊緣，住著樵夫一家人，樵夫的前妻生有一男一女，哥哥叫漢賽爾（Hänsel），妹妹叫葛麗特（Gretel）。

繼母十分惡劣，由於貧窮，繼母想方設法試圖遺棄兄妹倆，以減輕家裡負擔。父親雖然不忍心，卻不敢反抗。

繼母一共策劃兩次拋棄兄妹的計畫。第一個計畫被哥哥聽見，晚上他便偷偷裝了一些白色石頭在口袋裡。隔天哥哥在前往樹林的路上，沿路做了記號，當他們被父母遺棄在樹林裡時，他們沿著記號回到家。

第二次很不幸的，哥哥用麵包屑做的記號被樹林中的鳥吃光，兄妹兩人在樹林中迷路，找不到回家的路。

第三天早晨，就在他們快要餓死的時候，突然看見一隻雪白的鳥，鳥張開翅膀，示意兄妹兩人跟隨牠。在鳥的引領下，他們發現一間用糖果和麵包蓋的房子，他們興奮的啃起這座房子。

房子的主人是個老巫婆，她專門用這個糖果屋拐騙孩子，然後吃掉他們。老巫婆將哥哥關進籠子，讓妹妹每天餵他吃大量的糖果和麵包，打算養胖哥哥後吃掉他。

妹妹將這個消息告訴哥哥，哥哥說：「別怕，我已經把籠子的鎖破壞了，妳去把老巫婆的魔杖和魔笛偷出來，這樣就算她追上我們，也不用怕她。」就這樣，兄妹兩人逃出老巫婆的糖果屋。

巫婆發現孩子們逃跑便開始追，妹妹用魔杖將哥哥變成湖泊，她自己則變成一隻天鵝，在湖中游泳。巫婆掃興而歸。

兄妹兩人繼續趕路，不久，巫婆又追上他們，妹妹將自己變成山楂樹上的玫瑰花，將哥哥變成坐在樹下吹奏笛子的樂手。當巫婆準備摘下玫瑰時，哥哥吹起魔笛，巫婆不由自主旋轉起來，直到被樹上的荊棘纏住。

兄妹兩人趕著回家，但是由於太累、天色也黑了，兩人隨意找了一個樹洞，躺下休息。

這時巫婆趕來，趁兩人不注意時偷走魔杖，將哥哥變成一頭小鹿。妹妹很傷心，但她沒有丟下哥哥不管，她牽著變成小鹿的哥哥，在樹林中找到一個房子，在裡面住了下來。

就這樣，他們在樹林中生活多年，妹妹變得非常漂亮。

有一天，年輕的國王來到樹林打獵，哥哥想出門看熱鬧，妹妹叮囑他，一定要在天黑前回到小屋。

第一天，哥哥安全的回到小屋，第二天卻被國王和獵人射傷了，國王和獵人為了抓他，來到小屋。

國王一進小屋，看見美麗的葛麗特，便高興的問：「妳願意嫁給我，和我一起在城堡中生活嗎？」

葛麗特回答：「可以，但是我的小鹿不能和我分開。」

國王答應她，並要求老巫婆將漢賽爾恢復原狀。

妹妹看見哥哥恢復，非常感激國王，與國王結婚，哥哥也成為國王的大臣。從此，他們幸福的生活在一起。

這個故事改編自《格林童話》，距今已有兩百多年的歷史。《格林童話》為我們帶來白雪公主、灰姑娘、小紅帽、睡美人、青蛙王子等經典人物。

格林兄弟出生時，身處惡劣的環境。正處於封建割據時期的德意志帝國，境內有三百多個小國家。

格林兄弟的家庭情況也不容忽視，他們家一共有九個孩子，其中三個夭折，父親在雅各布・格林（Jacob Grimm，格林兄弟中的哥哥）十一歲時去世，母親一人照顧整個家庭。

無論是文學作品，還是繪畫、音樂作品，或多或少都反映和投射出作者人格的潛意識幻想和願望。

格林兄弟的作品除了揭示創作者的心理，也揭示了人類社會的普遍情結。童話中有類似現實生活中的好母親和壞母親、有生病的國王和一個即將滅亡的國家、有面對困難的無奈，但也有神奇的動物夥伴。

一個完整的故事和解決之道，可以啟發我們，將幻想延伸到現實生活中，探索和思考。

童話是人類生活經驗和價值觀的累積

神話和童話故事的內容往往是以英雄為主體的，榮格心理學中對英雄的解釋是：

「英雄的意象體現人最強大的志向，並揭示實現志向的理想方式。」

在〈糖果屋〉（*Hänsel und Gretel*）中，漢賽爾和葛麗特就是兩個英雄。根據英雄的誕生，故事可以分為三個階段：

1. 在故事的開頭，孩子們被趕出家。

這可以看作命運在召喚英雄，在心理學中，這一階段被視為「分離個體化」（Separation-individuation）。

2. 為了回家，歷經艱辛。

故事進入高潮，也就是兄妹兩人的成人儀式，儀式本身包含轉化的意義。

一個人一生會經歷四大儀禮（rites）：出生（birth）、成年（adulthood）、結婚（marriage）和死亡（death）。

中國古代有男子「冠禮」（男子二十歲時舉行的成年禮）與女子「笄禮」（女子十六歲時舉行的成年禮），通過儀式後，當事人就能結婚生子，心理階段則從熟悉，來到未知的環境。

對應到童話故事中，就是兄妹兩人是否能承受居住在森林（陌生環境）中的各種考驗。

3. 遇見年輕國王，結婚並開始新生活。

榮格學派中「鍊金術」（alchemy，榮格透過鍊金過程與意象，探討個人內在經驗）將結婚比擬為化學變化或聖婚（hieros gamos），是男女對立的統一。

看似虛幻的童話故事，包含了人類群體積累的生活經驗和價值觀，這也說明了，我們千辛萬苦尋找的人生真諦，其實就在最表層，沒有遮掩的存在於我們的生活中。

也許這就是《聖經》提到「回到孩童時的完整狀態」的意義。

讓我們回到〈糖果屋〉，聽到這個故事的孩子會有什麼感覺？害怕被父母拋棄、害怕無家可歸，尤其害怕吃人的老巫婆；講故事的父母也會害怕，害怕被孩子當成壞父母。

童話其實也受到現實社會的影響，變得不客觀、沒有人情味。就像〈糖果屋〉中，壞母親的角色由繼母承擔，也將父親的軟弱歸咎於繼母。

同樣受到現實影響，童話也會隱約流露父權文化的價值觀，比如故事中的女主角必須迎合男人的需求，漂亮、溫順；而女性的反派角色，則是邪惡和冷酷的。

除了負面因素，故事中有哪些正向因素呢？由於童話故事的結局大多是大家從此幸福快樂，這一定是正向因素在發揮作用。

如同面對個案，諮商師除了看見他們的症狀、傾聽他們的痛苦，還要看見他們身邊和內在正向的支持性因素。

故事中最重要的支持性因素，就是兄妹兩人互相幫助、度過難關的夥伴關係，還有屬於老巫婆的魔杖和笛子。

那麼，把兩人趕出門的繼母和老巫婆，有任何正向的作用嗎？

在童話故事中，公主之所以能有幸福的生活，都是由苛刻的繼母或是惡毒的巫婆引起的，而她們的親生母親多數沒有出場，或是很早就去世了。

其實這些負面因素，正是潛意識在以一種痛苦的方式告訴我們，某種不平衡正在發生，同時，相應的某種矯正也正在發生。

如果將這種不幸和痛苦比作身心症狀，可以是失眠、頭痛、憂鬱、焦慮等，此刻，這個症狀就像信號彈，它在傳遞什麼重要訊息呢？

假如一個孩子在行為上，不停出現狀況，例如骨折、厭食、厭學等，這些症狀某種程度上是孩子的潛意識在表達他的個人問題，同時傳達家庭中存在不平衡的關係。

我們在諮商中不會鼓勵個案憎恨造成關係不適的人，而是帶著好奇心，探索潛意識想透過症狀，讓個案看見、體會什麼。如此引導、嘗試，或許能讓個案收獲一份歷經艱辛的意外驚喜。

以幻想彌補現實的不足

〈糖果屋〉的故事發生在一個不完整的家庭。兄妹兩人的親生母親過世、和父親生活在一起。繼母加入後，這個家庭陷入食物短缺的困境，使孩子們面臨被趕出家門的悲慘遭遇。

在動物世界中，這種事很常見，比如南美洲的條紋卡拉鷹（Striated caracara），在小鷹年滿一歲時，會被父母趕出鳥窩，為即將誕生的下一窩小鷹騰出空間。

在北極，北極熊媽媽會離開兩、三歲的小北極熊，因為牠沒辦法同時準備兩份食物，為了讓彼此活下去，牠們必須分開，小北極熊得學會自己覓食，母子也許永遠不會再見面。

人類嬰兒是依附母親時間最長的動物。很多野生動物在出生不久，就能學會站立，但嬰兒在出生第一年是完全依賴母親的。母親提供奶水、穩定情緒和安全環境。

這一階段在精神分析中被看作是一元關係階段（Monism），母親掌握嬰兒的生死。

榮格學派將此階段稱為「烏羅波洛斯（Ouroboros，意為銜尾蛇）階段」，認為此時人的自我還被包含在潛意識之中。這是一種原始的完整和完美狀態，但也存在局限性。

原始母嬰關係的階段也是一種原型，原型是榮格學派中非常重要的概念，指我們所有人的集體潛意識都是相通的，這表示我們每個人都擁有共同的心理基底。比如到固定的人生階段，會開始尋找配偶、生育繁衍。

所有嬰兒都有一個母親原型，在產生認知之前，就存在於我們的心靈當中。嬰兒一生下來就會哭鬧、女人天生擁有母性、孩子成長到一定年紀出現的叛逆行為，都是原型的力量，沒有理由，就是本能。

在故事一開始，孩子們離家從原型來看，是潛意識企圖發展理想功能。也就是說，深藏在潛意識中的自性原型，會自主推動我們的身心發展。但現實中人們的意識不明白潛意識的企圖，只能將離家歸咎於繼母的惡毒。

接下來就是脫離「銜尾蛇」後的自我發展階段，孩子會從一元進入二元關係（Dualism），這是一個可以分辨彼此的時期。對孩子來說，有了「你」的存在；對母嬰雙方來說，是相互依賴的時期，這個階段母嬰關係的品質是核心。

到了三元關係（Ternary）的時候，除了孩子和媽媽，又多了父親的存在，這也就是精神分析中的「俄狄浦斯期」。

這個階段主要包含的是孩子和同性父母的競爭，以及希望得到異性父母的認同。榮格學派用整合自身的阿尼瑪和阿尼姆斯來說明這個時期，這個時期同樣是對自我生理和心理產生身分認同的時期。

從故事情節可以推測，兄妹兩人的年齡是學齡前，正好是從二元關係到三元「俄狄浦斯期」反覆折磨的階段。「折磨」的主題就是分離，這種分離無論是主動還是被動，都會發生。從這個角度去看故事開頭，就不會對父母將孩子趕出家門感到唐突。

這是超個人（Transpersonal，編按：指自我認知或自我意識超越個體或個人，包含人類、生命、心靈或宇宙等更廣泛的靈性體驗）的原型力量在發揮作用，到了分離的時刻，人的身心會自然產生一系列變化，這再次證實童話故事是原型人物的互動。

所以我們在看童話故事的時候就能明白，**故事人物的本質和人格沒有太大關係，他們只是潛意識中的原型，最大的作用就是幫助我們以幻想彌補現實的不足，對意識補償和糾錯。**

童話故事中許多孩子的原型，就是在補償意識中對孩子的忽視。現實中兒童的需求不能得到滿足，因此在童話中給予補償，他們可以騎著掃帚在天上飛，也可以抗拒母親打敗父親。

養育孩子是為了滿足自己的欲望

無論是主動離家還是被迫離家，都是凸顯自我意識的覺醒。嬰兒知道自己和媽媽不是同一個個體，這時候已經脫離「烏羅波洛斯階段」的融合關係。

從象徵角度來看，分離伴隨殺戮，接下來就是要「殺母弑父」。

切記，我們說的這些，都是原型人物演繹群體心理基模的結構特徵，和現實中的父母沒有關係。

龍也象徵潛意識中恐怖母親的原型，嬰兒在出生第一年感受到融合一體的親密關係，但隨著孩子的成長，這會成為禁錮他們的枷鎖。

離開、打敗母親會使孩子內疚和不捨，但是**人生的成長就是放棄舊的、放棄安全感和舒適感、進入陌生的環境，體驗危險和痛苦。**所以，**成長的背後就是要殺死象徵**

母親、象徵原始整體的「龍」。

當我們用原型和象徵的意義去看待對立關係時，會發現：父權、太陽、精神、理智、規則、競爭代表的是意識，是陽性的男性世界；母權、月亮、靈魂、感性、享樂，代表潛意識、陰性的女性世界。

屠龍就是和大母神原型的戰爭，對應到故事的高潮——和老巫婆鬥智鬥勇。

讓我們來看看兄妹兩人在被拋棄兩次，進入樹林後經歷了什麼。

首先，鳥出現了兩次。第一次，鳥把當作標記的麵包屑吃掉了；第二次，鳥將他們引導到糖果屋前。

我們知道，鳥象徵自由、直覺、靈魂和精神。在〈糖果屋〉中，鳥象徵潛意識對意識直覺式的指引。雖然鳥吃掉麵包屑，又把兄妹兩人帶到了老巫婆的房子，讓他們陷入危機，但這是成長必須經歷的階段。

他們來到用糖果和麵包建造、具有誘惑性的房子，發現房子主人是個吃人的老巫婆。接著，巫婆將男孩關起來，強迫女孩苦役。

此時，故事中的緊張氣氛，逼迫孩子們試圖殺死巫婆，好比一個人的心理能量在反抗，這就是一種「屠龍」的行為。

繼母、老巫婆這些女性形象，往往在童話故事中以惡毒的形象出現，除了〈糖果屋〉，〈灰姑娘〉、〈白雪公主〉、〈睡美人〉等《格林童話》中的故事也是如此，而故事的結局通常是主角戰勝這些惡毒的女人。

女性是世界和人類精神的孕育者，所以女性也是最早被人們崇拜的神。那麼，為什麼這些女性形象都顯露出令人恐懼的一面，我們在恐懼什麼？

古代，最古老的聖地是女人的生育場所，那裡是屬於大母神的場所，然而生與死是並行的，萬物在大地母親的懷抱中誕生，也在其中死去。女性的典型象徵是如子宮般的容器，比如洞穴和房子，它們意味著養育和保護。

古代有一種墓葬形式，是將死者裝在罐子裡，而死者在甕中，宛如胎兒一樣側臥，這種對子宮和胎兒姿勢的模仿，是為了讓死者儘快轉世。那時，人們還會在甕底留下一個小開口，留給靈魂進出。

象徵著子宮的容器，其含意一體兩面：養育與埋葬。所以潛意識是人類意識的誕生之地，也是吞噬意識的深淵，而母親自然也應該一體兩面、好壞兼具，可是惡毒的母親不被接受，於是將這一部分向外投射，由繼母和老巫婆承擔，而非親生母親。

看似美妙的房子，其實是一個足以吞噬我們的原始子宮，老巫婆則是我們與心中的母親分裂後的結果，我們將被大母神吞噬的恐懼投射在老巫婆的身上。

巫婆將男孩關起來，象徵對孩子生命力的抑制，吃掉他就是繼續讓孩子留在子宮中，維持母子融合的狀態，以此來餵養自己。**許多母親養育孩子，其實是為了滿足自己的欲望、填補她們的虛榮心**。

巫婆這些惡行，會帶給男孩生理和心理上的創傷，同時也摧毀他的自信和自尊；奴役和利用女孩，同樣也是殘害她的身心。

提供床和食物給孩子們，都是一種潛意識的誘惑，有條件的付出，背後的目的是讓孩子們一直像嬰兒一般，留在她的身邊被她利用和掌控。

戰勝恐懼就是戰勝母親的權力，唯一的辦法就是面對，所以兄妹兩人才進入了會「吃人」的房子。

原型的超自然性和潛意識性決定了原型的完整性，一個大母神原型好壞兼備。如果糖果屋是母親子宮的象徵，那麼在子宮中受到的創傷，需要再回到子宮中才能治癒，等待第二次新生。

這種現象在諮商關係中頻頻出現，受了傷的個案在治療中透過諮商師這個安全的容器（等同於子宮），再一次被養育、復活。

這裡的「復活」是精神上的。在榮格學派中有一個核心的技術方法——積極想像（active imagination）。**當我們面對潛意識的波濤，需要放鬆心情，下沉進入潛意識，和潛意識中的意象接觸、對話，**讓潛意識中被壓抑的情緒得到釋放，以從潛意識中獲取面對生活苦痛的方法和力量。

故事中兄妹兩人從老巫婆身上偷走魔杖和魔笛，是兄妹兩人敢於面對潛意識的戰利品。這些戰利品看似是老巫婆的，其實也是大母神的，是我們潛意識中被封印和抑制的心理能量。

人生不會有完美結局，但天生會追求美滿

故事中，兄妹的夥伴關係非常重要。

在第一次被父母拋棄時，漢賽爾用白色石頭做了記號。之後，從老巫婆的監禁中逃跑，也是漢賽爾破壞門鎖、提醒妹妹偷走巫婆的魔杖和魔笛。

在故事的高潮，吹奏魔笛，使荊棘纏住老巫婆的，也是哥哥漢賽爾。但在這之

後，他就被老巫婆變成一隻小鹿。最後，某種程度上也是由漢賽爾將國王帶到了妹妹面前，故事才圓滿結束。

童話故事最後的團圓，象徵心靈的對立面整合完成，而男女正是這世間最大的對立面。

每個人的性別身分先天就具有雙面性，但由於社會文化的局限，我們只發展被社會認同的性別，另一個性別落入潛意識，而我們的任務，就是將另一個性別從潛意識中打撈出來並整合，納入我們的意識。

榮格學派將性別身分的兩個面向，分別稱為阿尼瑪和阿尼姆斯。女人除了天生感性、仁慈和陰柔的特質，內在還隱藏著男性的堅毅、果斷和陽剛，這就是女性內在的阿尼姆斯；同理，男性內在也隱藏著阿尼瑪。

陰和陽在故事中，被人格化成哥哥漢賽爾和妹妹葛麗特：漢賽爾是妹妹的阿尼姆斯，葛麗特是哥哥的阿尼瑪。

原型的特點是它的完整性，比如大母神就有養育和吞噬兩個面向。那麼，妹妹葛麗特最後能幸福圓滿，必定是將自己的陰性力量和漢賽爾的陽性力量整合在一起。

比如，漢賽爾在關鍵時刻，帶給她勇氣和力量；漢賽爾破壞繼母第一次計畫、偷走老巫婆的寶物、即便知道外面有獵人也要出門，最後將國王引到葛麗特面前。這都是葛麗特潛意識中的阿尼姆斯，即男性力量在發揮作用。

陰陽整合是成熟的過程，所以當他們快要成功逃脫的時候，居然因為太累睡著了，讓巫婆趁機拿回魔杖，將漢賽爾變成一隻小鹿。

佛洛伊德將人格發展分為五階段：口腔期、肛門期、性器期、潛伏期和兩性期。累了、睡著了象徵著「死亡和休眠」，我們需要再次累積力量，才能完成下一段旅程。這也是為什麼兄妹兩人相依為伴，在樹林中找了一間房子住下來，一直等到葛麗特從女孩蛻變成成熟美麗的少女。

老巫婆收回魔杖、將漢賽爾變成小鹿，也印證了這個時期孩子的自我還不夠穩定，還沒有足夠能力運用魔杖。

顧名思義，「潛伏期」就是指青春期再度激發的熱情，需要休眠一段時間，以免青春期爆發的性衝突，讓孩子尚未成熟的心智功能受到阻礙。

漢賽爾被施了魔法，從男孩變成小鹿，也是為了避免這個年齡階段的女性被性欲問題的傷害，等到身心真正成熟再開始展現女性魅力。

小鹿就是葛麗特的阿尼姆斯，為了避免衝突，葛麗特用自己的項鍊和燈芯草編織的項圈，將小鹿套住。

用自己的項鍊代表葛麗特對漢賽爾的不離不棄，燈芯草有清心降火的功效，和這個年齡對性能量的壓抑不謀而合；而她對漢賽爾的細心照料，也是在培養陰性功能的發展，為成為一個成熟女人做準備。

當葛麗特成長為一個成熟少女的時候，她心中的陰性（感性、柔美、愛）力量和陽性（判斷力、理性、邏輯思維）力量也會相應發展。

小鹿（漢賽爾）在這個時候不顧勸阻、不顧獵人捕殺，也要出門去看看外面的世界，代表著葛麗特內在阿尼姆斯力量的增強。

內心的對立和衝突在經過考驗後，會達到相對健康、成熟的階段。如此一來，年輕國王來到葛麗特面前也是理所當然，因為，**內在的心理變化，也會帶來外在環境的變化**。

在諮商中，如果個案的人格從傾斜回到相對平衡的狀態，他們的外在生活也會發生相應的變化。比如，會得到一筆正需要的錢財、遇見心儀的戀人，或是和父母的關係得到改善。

故事的最後是葛麗特和年輕的國王幸福的生活在一起，而哥哥漢賽爾成了皇宮大臣。這意味葛麗特的阿尼姆斯（漢賽爾），也就是她內在的這股陽性能量，已經被整合到意識層面，並為她所用。

現實生活中，絕大部分的人們不會有這樣完美的結局，但至少我們知道人天生會去追求美滿。

客觀精神中的自性原型是古老群體的智慧結晶，早已為我們設計好了基本模式，只待我們勇敢實踐。

4

叛逆，就是孩子和父母爭輸贏

——哪吒

哪吒本是玉皇大帝駕下的大羅神仙，身高六丈（編按：商朝時一尺約為十六．九五公分，十尺為一丈，六丈約為一〇一七公分），首帶金屬圈，有三頭九眼八臂，口吐青雲、腳踏磐石、手持律法，大叫一聲，便雨從雲降、乾坤爍動。

由於世界魔王眾多，玉皇大帝命令哪吒下凡，因此投胎在托塔天王李靖家中。

李靖夫人素知生下大兒子軍吒，次子木吒，第三胎就是哪吒。哪吒出生後五天，在東海洗澡時，腳踩水晶殿、翻身飛上寶塔宮，東海龍王向他宣戰。

第七天，哪吒打死了九條龍兵，龍王想去天宮告狀，卻被哪吒攔在天門，打死了東海龍王。

後來，哪吒又使用如來佛祖的神弓，射殺了魔頭石磯娘娘的兒子，石磯娘娘發兵大戰，哪吒用父壇的降魔杵打死了她。

因諸魔領袖被殺，李靖生怕眾妖魔前來報復，於是逼死哪吒，哪吒自戕而亡。

因為哪吒貴為命不該絕的降魔之神，哪吒被釋尊（佛祖）以蓮花仙藕復活，並得到釋尊的傳授，法力見長，變得更加強大。

之後哪吒大殺四方，打遍天下魔王，殲滅眾多妖魔鬼怪和孽龍惡獸。最後因伏盡妖魔，再次回到天宮，被玉皇大帝敕封為「三十六員總領使」、「天帥之領袖」。

在靈山會上，釋尊加封他為「通天太師」、「威靈顯赫大將軍」，永鎮天門界。

在美國兒童精神分析醫生艾瑞克．艾瑞克森（Erik Erikson）的社會心理發展理論中，人在青春期會不斷體驗角色統一和角色混亂的衝突，開始考慮「我是誰」，思考自我能力、信念、性格等方面的問題。

本文將從小哪吒的自我發展階段分析，當青春叛逆期遇見不同類型的父親形象時，他們的應對方式。將分別以玉皇大帝、李靖還有釋尊（佛祖）三位父性形象，來討論一個男孩成為英雄的過程中，是如何受到男性榜樣影響。

有一千個觀眾，就有一千個哈姆雷特

奧地利哲學家奧托．蘭克（Otto Rank）在《英雄誕生的神話》（*The Myth of the Birth of the Hero*，暫譯）中宣稱，每個人在出生時都是英雄。

出生過程中，人會經歷一次心理與生理上的極大轉化，從生活在充滿羊水環境裡的水生動物，變成呼吸空氣的陸生動物，最後學會站立。

這是一個巨大的轉化，假如這是有意識的過程，那一定是一種英雄行為。母親也同樣會做出英雄行為，因為這一切都是她帶來的。

哪吒被玉皇大帝派往人間，在《三教源流搜神大全》的版本中，哪吒的出生非常順利，在出生幾日內便有了神功，彷彿是英雄誕生的神蹟。

但是，蘭克同樣補充道，有些人因此認為，他們在出生時的英雄行為，足以使他們獲得全人類的尊敬與支持。但實際上，還有一輩子的工作在等著我們，出生之後仍有更偉大、充滿著考驗的旅程，其中最為重要的便是英雄的試煉。

我們淺談一下哪吒作為叛逆的英雄意味著什麼。

叛逆這個形容詞擁有與其相應的心理學語境，**主流教育學觀點中有這樣的認知：**

「孩子到了青春期，是會變得叛逆還是變得更優秀，主要取決於家庭教育。」

為什麼這麼說？經過心理學、教育學的長期研究發現，每個孩子的教育和其性格發展都有關鍵期。一般認為，孩子發展的第一關鍵期是在三歲左右；第二關鍵期是在青春期，十一至十八歲之間，這一時期也被稱為青少年叛逆期。

叛逆主要被用來描述與權力和傳統力量（往往是家長、老師和權威）對抗的一方（往往是孩子）。

倘若一個人正常追求自我和成長，譬如一個孩子說：「我要拚命學習，考上一流大學，變成世界上最富有的人。」旁人並不會定義他為叛逆，反而會讚揚、肯定他。但如果一個孩子說：「我要撿完世界上所有的垃圾、打完所有的遊戲。」那麼在家庭或學校環境中，他往往會被定義為「叛逆」。

假定孩子出生在一個父母都是遊戲軟體開發工程師的家庭，從小玩過各種遊戲，夢想設計出世界上最有趣、富有哲理和人性劇情的遊戲，那這個孩子在他父母眼中，或許會被接受和肯定。

究其本質，這兩類孩子擁有自發成長的願望和制定目標的能力，後者之所以被稱為叛逆，更多是基於判定者的視角，看待這件事的走向和成效，可能是從老師、父母家長角度來看待孩子，而並不是青少年的自我。

讓我們拆解「叛逆」的含意，其中包含背叛與忤逆，可見定義這個詞彙的人，往往是權力更大、相對來說更傳統的一方，這也會激起孩子憤怒、被冒犯的情感。

神話學大師喬瑟夫・坎伯（Joseph John Campbell）和莫比爾（Bill Moyers）在

《神話的力量》（*The Power of Myth*）中提到，從主觀意義來說，試煉之所以被設計出來，是為了驗證那些想成為英雄的人，是否具備資格。具體試煉如：他是否真能完成這個工作？他可以克服困難嗎？他是個有勇氣、有知識、有能力服務他人的人嗎？

哪吒是叛逆原型的經典代表，在這個故事中，哪吒完成了玉皇大帝派給他的任務、打消父親的懷疑、抵擋魔獸們的攻擊，並透過實力，完成守護人間的使命。從這個視角來說，叛逆的哪吒完成了他的英雄之旅。

本文之所以提出哪吒處在青春期尋求「我是誰」的自我認同階段，是因為哪吒出生便帶有使命、擁有強大的神力，他迅速的完成了艾瑞克森提出的第一個階段：兒時懵懂的想要獨立，以及第二個青春期，確立自我和認識世界整體的過程。他直接進入了青春期，透過叛逆來面對父親的期待和實現使命。

哪吒作為中國神話中的原型形象，在不同的時代背景，被賦予了不同形象和精神，恰如一千個觀眾心中，就有一千個哈姆雷特。

佛洛伊德最為人稱道的，就是其眾多理論中最具有原創性的概念之一——冰山理論，提出潛意識的存在，該概念具有劃時代的意義。

在潛意識理論的基礎上，榮格提出了集體潛意識，指人類潛意識的發展深受原型以及時代、社會家庭、文化等群體元素的影響。

中國傳統神話中的哪吒，從《封神榜》傳說到明清時代的傳記，甚至在近三十年的影視作品中，都有著非常豐富、飽滿而迥異的形象。

譬如一九八八年導演王樹忱和嚴定憲合作出品的《哪吒鬧海》，側重於講述哪吒和一位權威式父親的親子關係。

再到二〇一八年，由導演餃子出品的《哪吒之魔童降世》，講述一個以雙英雄為主題的劇情，人物不再對立、講求黑白分明。其中李靖父愛如山，包容和支持哪吒，也會口頭表達感受。

這兩個版本中對哪吒和其他角色的塑造，體現了在不同時代，有不同的父子關係和互動模式。兩個作品都深入人心。

叛逆，意味著父母正和孩子競爭

在艾瑞克森的八個心理成長階段中，中年人的基本問題是培養傳承感：首先，要對自己的孩子表現關心和支持，繼而對整個下一代，如學生、部屬、後輩和同事，表現出友好和關愛的態度。

在《三教源流搜神大全》的版本中，扮演這個積極父親角色的，正是佛祖。

在榮格分析心理學中，處理中年危機是繼英雄之旅後，重大的人生課題。前半生是認同外在需要，累積權力、金錢和勢力；從完成英雄之旅到成家，人在中年時，須轉向和前半生完全不同的道路，這又是一次叛逆，反叛過去的自己，這個過程是極為痛苦的。

在《三教源流搜神大全》中，李靖的人生目標是安穩度過餘生。哪吒的父親在這個故事中，是一個懦弱且害怕危險的中年人角色，斬妖除魔本是較強大者或父親的任務，但李靖已然力不從心，無法勝任。

哪吒並沒有從父親手上接過使命，他自帶使命來到人間，是被地位更高的「父親」——玉皇大帝賦予的。這個「父親」的眼界和認知超越現實的父親，於是**李靖作為現實父親，反而成了哪吒完成自己使命的絆腳石**。

李靖無法給予法力上的教導和生命方向的指引，甚至在哪吒戰勝石磯娘娘後，因為懼怕而譴責哪吒。由於哪吒犯的錯，作為父親的李靖無法承擔，因此哪吒必須學會自己承擔責任。

由此可見，哪吒的英雄之旅是不斷依循使命感帶來的直覺，破除生命的困境，透過一次次的叛逆獲得自我成長、承受委屈、勇於承擔責任，甚至懂得犧牲，最終走向成熟。

在《三教源流搜神大全》裡，最大的反派角色不是東海龍王、石磯娘娘，而是身為父親的李靖。他在故事中唯一的出場，是在哪吒殺死東海龍王、打敗石磯娘娘後，因害怕被報復而逼死哪吒。

哪吒明明神通廣大、武力高強，但不被父親李靖理解的時候，他該感到多麼憤懣！哪吒武功蓋世，他的力量是指向外界、指向龍王和各種妖魔的，但在面對父親的害怕和指責時，卻指向了自己，這一舉動令人悲慟。

在臨床工作中，當孩子和父母產生劇烈衝突時，會有以下幾種表現：

1. 第一類：會想把欠父母的都還給父母，用物質來隔離兒時對父母的愛與恨。有個案曾說：「長大以後，我會給你錢，但不會提供你感情。」

2. 第二類：察覺到自己的行為、依戀模式和原生家庭有著莫大關係，有些人會說：「長大後的我變成了自己討厭的模樣。」

童年時想著，長大絕不和父母一樣，但長大後具有自我反思的某些成年人發現，自己與父母的行為模式和思維，儘管有些差異，卻也存在驚人的相似之處。因此，有些想獲得自我成長的個案，諮商目標便是：找出父母帶來的弱點，修復創傷，改變潛意識的影響和傳承。

3. 第三類：更為決絕，極度厭惡父母，不願與其有任何牽連，甚至是「血緣」上的遺傳。

在青春期，親子關係不佳的憂鬱型孩子，往往伴有自傷、自殘的行為。尖銳物劃過皮膚，流下鮮血後的疼痛感，會超過對自己身體裡流淌父母血液的厭惡感，哪吒便是如此。

靈魂是自由的，而身體和情感上的虧欠，則要用這種慘烈的方式歸還。

李靖在《三教源流搜神大全》裡是逼死哪吒的人，有消極父親的特質。作為父親，他有自己的軟弱和顧慮。

隨著這個父親形象的延伸，它指向了陷在負性父親角色中的權威人士。

當我們說一個孩子叛逆時，意味著父母正在和孩子競爭，他們在玩一場「你必須聽我的」、「我說的才是對的」、「我是長輩，只有你服從我，才能證明我的尊嚴」的權力遊戲。

尤其當父母採取鎮壓和否定的方式時，他們對孩子的想法充耳不聞，他們看不慣孩子的行為，也不願去追究孩子的動機與需求，只是按自己的偏見去理解孩子。**在這場對立中，孩子必須輸，才能證明父母的尊嚴和價值，這是一種零和賽局**（編按：表示所有賽局方的利益和為零，即一方有所得，他方必有所失）。

在這種情況下，父母的人格是不成熟的、缺乏彈性，不能讓孩子贏、抬舉孩子、讓其成長。當然，父母的阻礙在一定程度上，有助於孩子發展對抗性和調整自我的能力。

父母的性格不成熟，或因酗酒、重度憂鬱、失業等陷入自閉狀態時，他們會沉溺於自我。自我沉溺的父母就像是活在自我中心世界，僅僅把孩子視為自己的衍生物。

儘管他們表面上很愛小孩，實際上他們根本沒看見孩子，忽視了孩子的主體性。**他們把父母角色當作演出、把孩子的表現和成績作為戰利品炫耀**。

美國維吉尼亞州（Virginia）歐道明大學（Old Dominion University）心理諮商系教授妮娜·布朗（Nina W. Brown）提出，可以透過父母自我沉溺的程度，來評估父母成熟與否。妮娜·布朗認為，自我沉溺者所養育的子女，常常有以下感覺：

- 自己是父母的延伸。
- 即使長大了，還是被父母掌控著。
- 即使已經是成年人、有自我期待，仍永遠要符合父母的期待。
- 要能預知和積極滿足父母的需要和欲求。
- 永遠對父母讚賞有加，而且是用心讚賞。
- 為了照顧父母，應該犧牲自己的生活和福利。
- 對父母充滿同理心，但不要期待他們會同理自己。
- 不能犯錯或誤判事物，因為這會破壞父母的形象。
- 只要父母要求，應該立刻拋下手邊任何事情。
- 永遠不能獨立或自主行動。

而叛逆，恰恰是對抗自我沉溺的父母的法寶。《哪吒鬧海》裡的李靖是一位權威式負性父親形象，正是這樣的父親讓哪吒決心反抗，甚至願意剔骨還父。

還好哪吒命不該絕，在自戕身亡後，佛祖出現，用蓮藕復活了哪吒。這個行為讓佛祖成了哪吒的再生父母。

佛祖不僅給予哪吒新生命，也賜予哪吒更強的法力，如師父一般。在童話和神話中，經常會出現這樣的神仙教父或教母。

自我犧牲即救贖

德國哲學家阿圖爾．叔本華（Arthur Schopenhauer）曾在《人生的智慧》（*Aphorismen zur Lebensweisheit*）一篇文章中提問：為什麼人會不經思考就參與他人的困難與痛苦，並為他人犧牲自己的生命呢？達爾文的進化論和自然界的生存首要法則是自我生存，為什麼它能被打破？哪吒完全可以殺了不理解自己的父親，為什麼卻選擇了自我犧牲？

叔本華的答案是：這種心理上的危機代表想要突破，從而了解到自己與他人是一體的、是一個生命的兩個層面，當下的分隔不過是在一定條件下的體驗，我們的真實在於與所有生命結合。

在心理治療中闡述沙盤遊戲的作用時，中國榮格分析師申荷永教授，引用英國詩人威廉·布萊克（William Blake）的詩作〈天真的預言〉（*Auguries of Innocence*）前四行作為課程的開始，中老師眼中最美的一版翻譯如下：「一沙一世界，一花一天堂，手中擁有無限，此刻化為永恆。」

馬雅印第安人有一種籃球遊戲，在這個遊戲中，獲勝隊伍的隊長，必須代替輸球隊伍被砍頭。

在人生勝利的那一刻尋求犧牲，是早期的觀念，而這種犧牲的觀念，尤其是勝利者的犧牲，對我們而言太陌生了。現代人的規則，是贏者通吃，哪吒原本可以弒父，他的刀卻停了下來。

不論是自然界還是人類社會，父母為了保護孩童、讓生命得以繁衍，會在孩子成長早期犧牲自我。

在哪吒成長早期，需要父親李靖的照顧與關懷，然而在這個故事中，哪吒為了父親等人，主動選擇犧牲。不僅考驗哪吒的勇氣，也展現哪吒對父母的忠誠與愛。

還好哪吒命不該絕，在戀母情結中，男孩的成長會面臨心理上的弒父，哪吒卻以個人犧牲換取家人的平安。

這是哪吒的選擇，儘管他擁有神力，卻選擇以鮮血證明自己順從父親。

犧牲後的重生帶著蛻變，這在神話故事中是一個重要課題。國際沙遊治療學會（International Society for Sandplay Therapy，縮寫為ＩＳＳＴ）的創始人芭芭拉．Λ．特納（Barbara A. Turner）博士在《沙盤遊戲療法手冊》（*The Handbook of Sandplay Therapy*，暫譯）中以宇宙樹為例，專門論述沙盤遊戲中，心靈成長是如何以神話的發展模式呈現。

宇宙之樹承載生死、輪迴，以及巨大的痛苦，象徵天空之鳥的老鷹和大地生靈的毒蛇，有如男性特質和女性特質的鬥爭。

哪吒在自己的英雄之旅上，用男性力量戰勝龍王和石磯娘娘，但是他對父母的愛，讓他在面對父親的責難時選擇自殺。

哪吒的死亡是有意識的，最終獲得新的力量。

若將死亡視為進入潛意識的混沌狀態，活著便是一定程度的清醒，擁有意識和創造，因此，生與死、意識與潛意識、創造與混沌，形成一種互補關係。

對立和衝突是心理成長的前提，哪吒的死亡預示內心系統化和意識化，從這個層面上看，混沌、潛意識、睡眠和死亡是神聖、包羅萬象的，心靈的陰暗面帶來心靈的成長與整合。

在個體化的過程中，最重要的是，在自我與未知（混沌）之間，建立協調的關係。心理障礙通常是由於自我無法與心靈黑暗面建立起有效的橋梁。

哪吒自我犧牲的英雄壯舉，在李靖或部分世人眼中，是一種叛逆。然而，當他遵循內心的情感，以及夾雜責任和愛的動機，選擇自戕、進入混沌，他便獲得了新的積極父性力量，即佛祖的理解，哪吒完成了英雄的使命。

在獲得新力量的同時，哪吒也完成為愛犧牲的神聖儀式，使他成為了神。

這個階段的叛逆是指，**在舊有的模式、規範之下，新生命的自我意識開始萌芽。能夠鼓起勇氣去捍衛和抗爭，尋找自我的人生方向，便是踏上英雄之旅。**

現實中，我們無須真正犧牲和死亡，但成長會伴隨心靈的幽暗和混沌。青春期的迷茫，蘊含對自我使命的確認，行為上則是選擇完成目標的方式，這是成長過程中面對本能和超我必備的能力，在一個個現實中的衝突和對弈，逐漸鍛鍊和學習。

國家圖書館出版品預行編目（CIP）資料

經典童話竟是警告大人的：小美人魚、小紅帽、寶蓮燈、白蛇傳……本是寫給小孩看的故事，大人為何更該讀？／壹心理・專業心理諮商師團隊編著 . -- 初版 . -- 臺北市：任性出版有限公司，2024.10
240 面；14.8×21 公分 . --（issue；72）
ISBN 978-626-7505-08-3（平裝）

1. CST：精神分析　2. CST：人格特質　3. CST：人格心理學

173.75　113011633

issue 72

經典童話竟是警告大人的

小美人魚、小紅帽、寶蓮燈、白蛇傳……
本是寫給小孩看的故事，大人為何更該讀？

作　　者／壹心理・專業心理諮商師團隊
責任編輯／連珮祺、張庭嘉
校對編輯／林渝晴
副 主 編／馬祥芬
副總編輯／顏惠君
總 編 輯／吳依瑋
發 行 人／徐仲秋
會 計 部｜主辦會計／許鳳雪、助理／李秀娟
版 權 部｜經理／郝麗珍、主任／劉宗德
行銷業務部｜業務經理／留婉茹、行銷企劃／黃于晴、專員／馬絮盈、助理／連玉、林祐豐
行銷、業務與網路書店總監／林裕安
總 經 理／陳絜吾

出 版 者／任性出版有限公司
營運統籌／大是文化有限公司
臺北市 100 衡陽路 7 號 8 樓
編輯部電話：（02）23757911
購書相關諮詢請洽：（02）23757911 分機 122
24 小時讀者服務傳真：（02）23756999
讀者服務 E-mail：dscsms28@gmail.com
郵政劃撥帳號：19983366　戶名：大是文化有限公司

法律顧問／永然聯合法律事務所
香港發行／豐達出版發行有限公司 Rich Publishing & Distribution Ltd
地址：香港柴灣永泰道 70 號柴灣工業城第 2 期 1805 室
Unit 1805, Ph.2, Chai Wan Ind City, 70 Wing Tai Rd, Chai Wan, Hong Kong
電話：21726513　傳真：21724355
E-mail：cary@subseasy.com.hk

封面設計／孫永芳　內頁排版／王信中
印　　刷／韋懋實業有限公司

出版日期／ 2024 年 10 月　初版
定　　價／新臺幣 390 元（缺頁或裝訂錯誤的書，請寄回更換）
I S B N ／ 978-626-7505-08-3
電子書 ISBN ／ 9786267505069（PDF）
9786267505076（EPUB）

有著作權，侵害必究

Printed in Taiwan

中文繁體字版 ©2024 年，由任性出版有限公司出版。
本書由杭州藍獅子文化創意股份有限公司正式授權，經由凱琳國際版權代理，由任性出版有限公司出版中文繁體字版本。非經書面同意，不得以任何形式任意重製、轉載。